"十四五"职业教育国家规划教材

电子商务类专业创新型人才培养系列教材

农村电商

第 2 版 慕课版

柳西波 丁 菊 黄 睿/主 编

丁仁秀 卓晓芸 陈 磊/副主编

ELECTRONIC COMMERCE

人民邮电出版社

北 京

图书在版编目（CIP）数据

农村电商：慕课版 / 柳西波，丁菊，黄睿主编. --
2 版. -- 北京：人民邮电出版社，2025. --（电子商务
类专业创新型人才培养系列教材）. -- ISBN 978-7-115
-65526-4

Ⅰ. F724.6

中国国家版本馆 CIP 数据核字第 2024R0S151 号

内 容 提 要

本书以提升读者的农村电商综合运营能力为目标，采用"项目引导、任务驱动"的模式，把知识学习、技能训练融入任务完成过程中。全书包含 8 个项目，共 42 个任务，具体内容包括农村电商认知、农村电商产品开发、农村电商产品品牌策划、农产品网店运营、农村电商社交媒体运营、农村电商短视频与直播运营、农村电商供应链管理、农村电商运营团队管理，涵盖了农村电商从认知到实践，从产品开发到团队管理的全过程。

本书以农村电商岗位需求为导向，以工作中实际情景为切入点，以相关知识点或技能点为载体，围绕典型项目任务，选择重点内容进行详细讲解，以"知识储备"进行理论教学，用典型案例启发读者思考，通过"项目测试"使读者巩固和掌握相关技能，利用富媒体形式扩展教学内容和训练素材，辅以在线开放课程，拓展教学内容的深度和广度。

本书内容新颖，案例丰富，易于实践，既可作为院校电子商务、市场营销等财经商贸类专业的教材，也可供广大电子商务相关从业人员、农村电商创新创业实践人员、农民教育培训学员学习和参考。

◆ 主　　编　柳西波　丁　菊　黄　睿
　　副 主 编　丁仁秀　卓晓芸　陈　磊
　　责任编辑　侯潇雨
　　责任印制　王　郁　彭志环
◆ 人民邮电出版社出版发行　　北京市丰台区成寿寺路 11 号
　　邮编　100164　电子邮件　315@ptpress.com.cn
　　网址　https://www.ptpress.com.cn
　　涿州市京南印刷厂印刷
◆ 开本：787×1092　1/16
　　印张：13　　　　　　　　　　2025 年 1 月第 2 版
　　字数：316 千字　　　　　　　2025 年 6 月河北第 2 次印刷
　　　　　　　　　　定价：52.00 元

读者服务热线：(010)81055256　印装质量热线：(010)81055316
反盗版热线：(010)81055315

前言

党的二十大报告指出："加快发展数字经济，促进数字经济和实体经济深度融合，打造具有国际竞争力的数字产业集群。"这表明数字经济在国民经济中占有重要地位。随着新技术的发展和新消费模式的兴起，我国的商业环境正迎来数字化的深层次变革，在农村电商等新模式的推动下，广袤的农村地区正发生着巨大的变化。

农村电商连接生产和消费，贯通城市和乡村，与产业深度融合，是满足人民对美好生活向往的有力支撑，也吸引国内外优秀的人才来农村创业，成为创业与就业的重要渠道。截至2023年12月，我国农村地区互联网普及率为66.5%，农村网民规模为3.26亿人，占网民整体的29.8%，我国农村网络零售额达到2.49万亿元。从"电子商务进农村综合示范""数商兴农"到"农村电商高质量发展"，国家政策持续推动农村电商发展。未来，技术支撑下的农村电商将与农村产业更深层次携手联动，在国内、国际两个循环市场中协同创新，助力农产品上行、农民增收、农业增效、全面推动乡村振兴。

本书编者根据多年课题研究与专业实践，以及参与"1+X"农产品电商运营证书的职业技能等级标准制定的经验，在第1版的基础上进行了优化、升级，旨在为院校电子商务相关专业学生和农村电商从业人员提供有效的帮助。

本书编写特色

- **立德树人，价值引领**：本书结合专业课程的特点，恰当融入党的二十大精神、中华优秀传统文化、"一懂两爱"的情怀等内容，把立德树人与课程教学结合起来，培养读者的家国情怀、"三农"情怀和精益求精、实践创新的专业品质，有助于读者树立正确的世界观、人生观、价值观。促全面发展，育时代新人。

- **校企双元，学以致用**：本书旨在培养农村电商应用型人才，结合农村电商企业运营实际的项目案例，设计学习任务，不仅讲解入门操作，内容还涵盖了策略、技巧，实操性强，体现了"做中学，做中教"的职业教育理念，让读者真正掌握农村电商应用的方法与技巧。

- **资源丰富，迭代升级**：本书不仅建有在线开放课程，课程资源中融入大量新颖和热门的话题，可以引发读者思考，拓宽读者的视野；同时，还配有 PPT、课程标准、视频、案例素材等立体化的教学资源。用书教师可登录人邮教育社区（www.ryjiaoyu.com）下载使用。

教学建议

本书适合作为院校"农村电子商务""电子商务运营"等课程的教材，如果学校选用本书作为教学用书，建议学时为 32～48 学时。以本书作为教材时，教师在授课过程中要多进行实战训练，培养学生的农村电商应用能力。

💿 本书编写组织

本书由泸州职业技术学院柳西波、丁菊和四川财经职业学院黄睿任主编，由广州美迪信息科技有限公司丁仁秀、成都工贸职业技术学院（成都市技师学院）卓晓芸、四川省教育科学研究院陈磊任副主编。黑龙江农业职业技术学院尹德安、泸州职业技术学院曾静、成都农业科技职业学院郑佳、成都工贸职业技术学院（成都市技师学院）罗新云与曾进、成都市中和职业中学向涛参与了本书的编写。本书由成都工贸职业技术学院（成都市技师学院）林洁教授担任主审。编者在本书编写过程中得到了全国电子商务职业教育教学指导委员会、四川省电子商务协会及诸多企业、院校朋友的大力支持与帮助，在此深表感谢。

尽管编者在编写过程中力求准确、完善，但由于水平有限，加之农村电商发展变化较快，书中可能还有不足之处，恳请广大读者批评指正，在此深表谢意！

编　者
2025 年 1 月

目录

项目一

农村电商认知

学习目标

◎ **知识目标**

了解"三农"相关知识。

理解农村电商的概念与特征。

熟悉农村电商的发展趋势。

理解农村电商的社会价值。

◎ **能力目标**

明确农村电商的特征。

分析农村电商的社会价值。

解读农村电商相关的国家政策。

理解农村电商模式。

掌握信息搜索、整理的相关技能。

◎ **素养目标**

强化数字素养，提升观察问题、分析问题、辨别是非的能力。

唤醒"三农"情怀，做"一懂两爱"的乡村振兴建设者。

感受农村电商在巩固拓展脱贫攻坚成果、赋能乡村振兴中的强大动力。

拓宽专业视野，增强关心社会、热爱祖国的情感。

思维导图

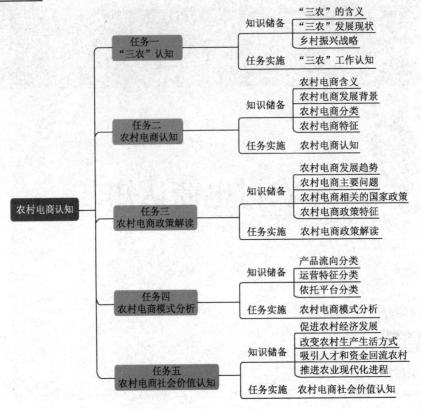

引导案例

推进乡村振兴 促进农村电商高质量发展

党中央、国务院高度重视农业农村电商工作，自2014年起，持续加大支持力度，"十三五"期间，出台了发展农村电商、跨境电商等系列文件，同时多次在中央1号文件、相关规划及双新双创、"互联网＋"、信息消费等文件中把农村电商作为重要内容，作出部署。相关部门积极落实相关部署安排，组织实施系列重大工程、重大行动，健全完善政策体系，营造良好发展环境，有效推动了农村电商的快速发展。

截至2023年年底，我国农村网民规模超过3亿人，建立了超过15万个乡村电商和快递服务站点，农村网络零售额达到2.49万亿元，农产品网络零售额超过5800亿元，农村网商（网店）超过1700万家，吸引了一批农民工、大学生、退役军人返乡创业。

近年来，国家相关部门始终围绕全面推进乡村振兴，把农村电商作为县域商业的重要组成部分一体推动，促进农村电商高质量发展。

一是强主体。商务部鼓励电商带头人走进田间地头、工厂车间进行村播、店播、厂播，促进优势、特色、品牌农产品线上销售。同时鼓励举办"村播"大赛等电商赛事，提高创业技能。

二是育品牌。充分挖掘农村"土特产"资源，培育一批"小而美"的农村电商特色品牌，变"流量"为"销量"。

三是畅物流。健全县、乡、村三级物流配送体系，争取用3年时间在具备条件的地区，基本实现"县县有物流配送中心、村村通快递"。

四是优服务。商务部指出将继续深化电子商务进农村综合示范工作，打造一批县域电商直播基地，增强包装设计、宣传推广、电商代运营等服务能力。

五是促转型。支持电商平台下沉农村市场，提供更多适销对路的商品和服务，推动农村商贸流通企业线上线下融合发展，不断完善县域商业体系。

案例思考：

认真阅读案例，思考并回答以下问题。

1. 为什么要促进农村电商高质量发展？
2. 农村电商在赋能乡村振兴的过程中，还存在哪些需要完善的地方？

任务一 "三农"认知

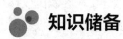

知识储备

一、"三农"的含义

"三农"一般是指农业、农村、农民。

农业是指利用动植物的生长发育规律，通过人工培育获得产品的产业，一般包括种植业、林业、畜牧业、渔业、副业五种产业形式。农业属于第一产业，其劳动对象是植物、动物等生物，获得的产品来自生物本身，如蚕丝、大米。农业是支撑国民经济建设与发展的基础产业。

农村是相对于城市的称谓，指以从事农业生产为主的劳动者居住的地方，是生产劳动者劳作之余休养生息的场所。农村一般指农业区，有集镇、村落，以农业产业（自然经济和第一产业）为主，包括各种农场（如畜牧和水产养殖场）、林场、园艺和蔬菜生产等。与人口集中的城镇相比，农村地区人口分布较分散。

农民是指长期从事农业生产的人。根据第七次全国人口普查主要数据，居住在乡村的人口约为 5.1 亿人。农民在我国占据极其重要的地位，是中国社会的主力军，对中国社会的每一次大的变动都起到举足轻重的作用。

知识链接：

"中国农民丰收节"是 2018 年国家层面专门为农民设立的节日，节日时间为每年"秋分"。设立"中国农民丰收节"可以展示农村改革发展的巨大成就，同时也展现出中国自古以来以农为本的传统，能调动起亿万农民的积极性、主动性、创造性，提升亿万农民的荣誉感、幸福感、获得感。

二、"三农"发展现状

"三农"问题是指农业问题、农村问题、农民问题，这是一个从事行业、居住地域和主体身份三位一体的问题，但三者侧重点不同，必须一体化考虑。研究"三农"问题有助于实现农民增收、农业发展、农村稳定。"三农"问题不仅关系到我们国民的素质、经济的发展，而且关系到社会的稳定、国家的富强、民族的复兴。

（一）农业问题

农业问题主要是农业产业化的问题。农业问题主要包括：适合中国国情的农业发展模式和经营方式的选择问题；提高农业综合生产能力，保证城乡居民和国民经济对农产品需求的供给问题；农产品市场体系和国家对农业的支持保护体系问题；提高农业的国际竞争力问题；农业现代化问题；农业的多功能和可持续发展问题等。

（二）农村问题

农村问题实际是农村社会全面发展的问题。农村问题主要包括：农村区域的产业结构问题；农村基础设施、工业化和城镇化问题；新型社区建设、乡村自治模式的选择问题；农村公共事业建设问题；城乡统筹、农村社会安定和有序发展问题等。

（三）农民问题

农民问题可以分为农民素质和农民减负两个问题。此外，当前农民问题还集中在农民权益问题，包括土地问题、生产经营权益问题、剩余农民的转移就业问题、农民的社会政治权益问题和农民的组织化问题等。

> **素质园地：**
> 一懂两爱中一懂指的是懂农业，两爱指的是爱农村、爱农民。懂农业，就是成为"三农"工作的行家里手。爱农村，就是对农村充满感情，真心实意地为乡村谋振兴。爱农民，就是把农民当亲人，要心里装着农民，凡事想着农民，工作依靠农民，一切为了农民。

三、乡村振兴战略

"三农"问题是关系国计民生的根本性问题，2018年，《中共中央 国务院关于实施乡村振兴战略的意见》（以下简称《意见》）出台，要求各地区各部门结合实际认真贯彻落实，这为做好当前和今后一个时期的"三农"工作指明了方向。

（一）乡村振兴战略实施目的

坚持农业农村优先发展，按照产业兴旺、生态宜居、乡风文明、治理有效、生活富裕的总要求，建立健全城乡融合发展体制机制和政策体系，统筹推进农村经济建设、政治建设、文化建设、社会建设、生态文明建设和党的建设，加快推进乡村治理体系和治理能力现代化，加快推进农业农村现代化，走中国特色社会主义乡村振兴道路，让农业成为有奔头的产业，让农民成为有吸引力的职业，让农村成为安居乐业的美丽家园。

（二）乡村振兴战略实施原则

实施乡村振兴战略，要坚持党管农村工作，坚持农业农村优先发展，坚持农民主体地位，坚持乡村全面振兴，坚持城乡融合发展，坚持人与自然和谐共生，坚持改革创新、激发活力，坚持因地制宜、循序渐进。

（三）乡村振兴战略实施意义

乡村是具有自然、社会、经济特征的地域综合体，兼具生产、生活、生态、文化等多重功能，与城镇互促互进、共生共存，共同构成人类活动的主要空间。乡村兴则国家兴，乡村衰则国家衰。我国人民日益增长的美好生活需要和不平衡不充分的发展之间的矛盾在乡村最为突出，我国仍处于并将长期处于社会主义初级阶段的特征很大程度上表现在乡村。全面建设社会主义现代化强国，最艰巨最繁重的任务在农村，最广泛最深厚的基础在农村，最大的潜力和后劲也在农村。实施乡村振兴战略，是解决新时代我国社会主要矛盾、实现"两个一百年"奋斗目标和中华民族伟大复兴中国梦的必然要求，具有重大现实意义和深远历史意义。

（四）乡村振兴战略实现路径

一是必须重塑城乡关系，走城乡融合发展之路；二是必须巩固和完善农村基本经营制度，走共同富裕之路；三是必须深化农业供给侧结构性改革，走质量兴农之路；四是必须坚持人与自然和谐共生，走乡村绿色发展之路；五是必须传承发展提升农耕文明，走乡村文化兴盛之路；六是必须创新乡村治理体系，走乡村善治之路；七是巩固脱贫攻坚成果，确保脱贫人口的长远生计。

> **知识链接：**
>
> 乡村振兴战略"三步走"目标如下。
>
> 到 2020 年，乡村振兴取得重要进展，制度框架和政策体系基本形成；
>
> 到 2035 年，乡村振兴取得决定性进展，农业农村现代化基本实现；
>
> 到 2050 年，乡村全面振兴，农业强、农村美、农民富全面实现。

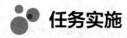 **任务实施**

"三农"工作认知

任务目的：

收集并分析身边的"三农"案例，通过对案例分析，加强对"三农"的认知，结合《意见》，进行个人思考，做到理解"三农"问题，唤醒"三农"情怀。

任务流程及内容：

步骤 1：请结合"知识储备"中关于"三农"知识的介绍，收集整理身边关于农业、农村、农民的优秀做法和存在问题，填写表 1-1-1。

表1-1-1 "三农"案例汇总表

序号	分类	优秀做法	存在问题
1	农业	1. 2.	1. 2.
2	农村	1. 2.	1. 2.
3	农民	1. 2.	1. 2.

步骤2：针对"三农"案例中存在的问题，结合《意见》，寻找解决方案，并将个人意见和建议填在表1-1-2中。

表1-1-2 "三农"问题的解决方案及个人意见和建议

序号	分类	存在问题	《意见》中解决方案	个人意见和建议
1	农业	1. 2.		
2	农村	1. 2.		
3	农民	1. 2.		

任务思考：

请结合自己的所学所感，谈谈你对"民族要复兴，乡村必振兴"的看法。

任务二 农村电商认知

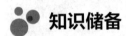 **知识储备**

一、农村电商含义

农村电商一般是指涉农领域的生产经营主体以互联网信息技术为手段，在互联网完成产品或服务的销售、购买和电子支付等业务交易的过程，它改变了农村地区的生产和生活方式，属于电子商务在"三农"领域的延伸和深度应用。

从农村电商的含义可以看出，农村电商不仅涵盖对接电商平台、建立电商基础设施、进行电商知识培训、搭建电商服务体系、出台电商支撑政策等，还包括围绕农村电商开展的农产品上行（进城）和工业品下行（下乡）开展的物流、资金流、信息流等相关活动。

> **知识链接：**
> 农产品上行是指把农产品放到互联网销售，拓宽农户的收入来源，解决传统农业销售的后顾之忧。工业品下行是指农民通过互联网购买各种工业品，商家通过物流将工业品送达农民手中。

知识拓展

二、农村电商发展背景

我国农村电商的发展根植于我国互联网的发展及基础条件不断完善，具体体现在以下几个方面。

（一）庞大的网民基数

中国互联网络信息中心发布数据显示，截至2023年12月，我国网民规模达10.92亿人，互联网普及率达 77.5%，如图 1-2-1 所示。我国手机网民规模达 10.91 亿人，网民中使用手机上网的比例为 99.9%。我国城镇地区互联网普及率 83.3%，农村地区互联网普及率为 66.5%，我国农村网民规模达 3.26 亿人，占网民整体的 29.8%。

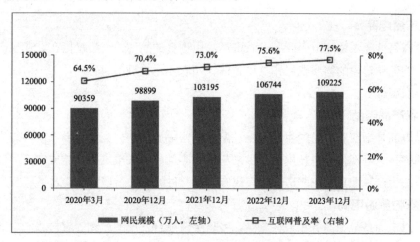

图 1-2-1　2020 年 3 月—2023 年 12 月网民规模和互联网普及率

（二）人均收入不断提高

根据国家统计局公布的数据，2023 年，我国农村居民人均可支配收入达到 21691 元，比上年增长 7.7%；农村居民人均可支配收入中位数达到 18748 元，比上年增长 5.7%。在农村居民收入不断提高的情况下，更多的收入可用于物质性消费。同时，城市消费升级带给农村电商新机遇，农旅融合、休闲农业、农产品预售和众筹等开始兴起，农村的绿水青山因为互联网而变成金山银山，原来只在区域销售的土特产品也纷纷成为网上的俏销货。

> **素质园地：**
>
> 绿水青山就是金山银山，"两山"理念告诉我们，要坚持人与自然和谐共生的理念。以"两山"理念为指导的生态文明建设"中国做法""中国方案""中国经验"也被国际社会广泛借鉴。

（三）基础设施建设不断增强

近年来，农村基础设施建设取得新成效。农村网络基础设施基本实现全覆盖。5G 网络覆盖所有地级市、县城城区，实现"县县通 5G"。农村物流网络日益完善，邮政营业网点实现了乡镇全覆盖，建制村全部通邮，"快递进村"比例超过 80%。全国冷链物流基础设施持续完善，农产品供应链模式不断优化，助力农产品向外地销售。

（四）国家政策大力支持

国家发布关于"互联网+"、农村电商发展的相关指导意见，明确提出要加大对农村电商的政策扶持力度，包括财政资金支持、税收优惠、金融支持等方面。此外，各地政府还出台了针对农村电商的扶持政策，如设立专项资金、提供创业培训等，为农村电商的发展创造了良好的政策环境。

三、农村电商分类

农村电商根据不同的标准，可分为不同的类型。根据服务对象，可将农村电商分为以下三类。

（一）农资电商

农资电商是涉及农资的电子商务。农资是农用物资的简称，一般是指在农业生产过程中用以改变与影响劳动对象的物质资料和物质条件，如农业运输机械、生产及加工机械、农药、种子、化肥、农膜等。

（二）农产品电商

农产品电商是指在农产品的生产加工及配送销售等过程中，交易当事人或参与人利用计算机技术和网络技术等现代信息技术进行供求与价格等信息的收集发布、达成农产品或服务的交易，同时依托生产基地与物流配送系统完成农产品交付的一种新型商业模式。

（三）农村旅游电商

农村旅游电商是电子商务和乡村旅游、乡村经济融合发展的产物。农村旅游电商是在旅游电子商务的基础上加入乡村的因素，是旅游电子商务在乡村旅游活动各环节的具体应用。

四、农村电商特征

农村电商具有直接性、低成本、集群效应、不均衡性的特征。

（一）直接性

农村电商依托互联网的优势，直接将生产者、销售者、消费者联合在一起，是农业产业化经营的"助推器"和"黏合剂"，可以有效解决农业生产、农用物资采购、农产品营销和服务网络等方面存在的问题，形成由物流、商流、信息流、资金流等组成的全新流通体系。农产品和服务相关信息传递到消费者、货物从生产者销售到消费者的时间极短，促进了农产品的流通。

（二）低成本

农村电商利用网络带来的便利性，降低运营成本。首先是农村生产和管理成本很低，并且国家对农村经济有扶持。电商企业经营的成本较低，消费者购买成本也较低，足不出户就能购买到优质产品。其次是农村电商可以实现农业的规模化、集约化生产，从而降低生产成本，同时通过网络营销可以推动"订单农业"模式的形成，在一定程度上解决了供需不匹配的问题，避免了由此产生的浪费。

（三）集群效应

农村电商发展的集群效应明显，例如"淘宝镇""直播村"等。其发展不是个体的壮大，而是整个村、镇的集群效应。一般是个别主体先行尝试成功，然后被不断地模仿和传播。这种同质性商务活动的集中，既易引发一定的竞争，也易形成共同的联盟和完整的产业链条。

（四）不均衡性

农村电商仍处于成长阶段且发展不均衡。总体来说，我国的农村电商仍处于成长期，东部地区农村电商发展已初具规模，而西部地区农村电商发展仍处于起步阶段。偏远山区由于地理条件限制，物流基础设施依然薄弱，导致其农村电商的发展存在很大困难。

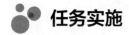 **任务实施**

农村电商认知

任务目的：

查找相关资料，获取农村电商发展的相关数据，分析农村电商发展趋势，强化互联网信息搜索能力，感受新时代数字乡村的变化。

任务流程及内容：

步骤1：打开中国互联网络信息中心官网，在"首页"｜"互联网发展研究"｜"下载报告"｜"统计报告"页面下载第44、46、48、50、52次《中国互联网络发展状况统计报告》，在报告中分别查找农村网民数量、互联网普及率、网络支付使用率三项数据，填在表1-2-1中。

表1-2-1 农村电商相关数据汇总表

序号	比较项目	第 44 次 2019 年 6 月	第 46 次 2020 年 6 月	第 48 次 2021 年 6 月	第 50 次 2022 年 6 月	第 52 次 2023 年 6 月
1	农村网民数量					
2	互联网普及率					
3	网络支付使用率					

步骤 2：打开国家统计局网站，分别查找 2019—2023 年的居民收入水平。

步骤 3：利用互联网搜索 2019—2023 年的全国农村网络零售额数据。

步骤 4：根据表 1-2-1 数据，绘制数据折线图。

任务思考：

反映农村电商发展的数据还有哪些？这些数据可以从什么渠道获取？

任务三 农村电商政策解读

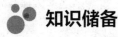 **知识储备**

一、农村电商发展趋势

农村电商的发展具有融合化、国际化、规范化、特色化、品牌化的趋势。

（一）融合化趋势

全品类、线上与线下、产前产中产后、售前售中售后等多渠道、多维度相互融合发展，是农村电商的发展趋势。农村电商带动众筹农业、共享农业、定制农业等新业态、新模式的发展，推动"互联网+农业+旅游"，能够助力一、二、三产业融合，提高农业创新力、竞争力和全要素生产率。

（二）国际化趋势

随着"一带一路"建设的推进，大量的农产品通过互联网"走出去"，我国茶叶和水产品等优质农产品得到国际市场的认可，出口贸易总额居世界前列。在进口方面，我国消费者感兴趣的鲜果、水产海鲜等通过互联网"走进来"，而农产品中欧班列、中欧冷链班列的相继开出，为农村电商国际化提供了必要的保障。

（三）规范化趋势

一方面，我国引入农产品国际标准的同时，积极参与了农产品国际标准的制定，我国一些农产品标准成为国际标准。另一方面，《中华人民共和国电子商务法》等法律法规的实施，进一步推动了农村电商规范化、法治化发展。

> **素质园地：**
>
> 《中华人民共和国电子商务法》是为了保障电子商务经营主体的合法权益，规范电子商务行为，维护市场秩序，促进电子商务持续健康发展而制定，自2019年1月1日起施行。作为大学生，需要了解国家的法律法规，明确自己的权利和义务，未来做到合法合规经营。

（四）特色化趋势

一方面，农村电商消费市场呈现多元化趋势，越来越多的商家根据不同的消费体验场景开发出"小而美"的特色产品。另一方面，农村电商的发展越来越入乡随俗，与当地的特色产业相融合的程度进一步深化，蒲江的"果经济"、五常的"米经济"都表明很多地方也在探索适合自己的农村电商发展路径和模式，农产品上行的"产品特色、民族特色、地域特色"日益突出。

（五）品牌化趋势

随着农村电商的普及，农村电商进入了从价格导向转为品牌、品质、服务导向的品牌发展新阶段。以农产品电商为例，"三品一标"（无公害农产品、绿色食品、有机食品和农产品地理标志）将成为主流，由"品牌创建"转向"品牌提升"。

二、农村电商主要问题

农村电商在发展的过程中存在产品质量标准认证难、同质化情况严重，供应链体系不成熟等问题。

（一）产品质量标准认证难、同质化情况严重

目前，网上销售的农产品以初级农产品和粗加工的非标准类产品为主，在没有形成标准和品牌前，消费者由于缺乏专业知识很难进行选择。随着越来越多的农民进入电商行业，农产品同质化情况相当严重，这导致低价成为竞争手段，出现大量优质农产品无法以优价销售的情况。而产品质量标准认证相对困难，品牌的形成则需要更长时间。

（二）供应链体系不成熟

农村电商对供应链两端的能力提出了较高的要求，线下的供应链成为连接农村电商上游与下游的关键节点。农村的基础设施相对落后，物流运输比较困难。而农村电商供应链的分工协作和互动联合机制尚未成熟，供应链的前端与后端也难以形成规模化的需求集合，电商的效率

与成本优势很难显现。例如，枇杷稍微碰撞就变坏，对包装提高了要求；荔枝为了保持品质，需要全程冷链物流，增加了成本。

（三）缺乏电子商务专业化人才

当前，农民作为农村电商最重要的执行者，其互联网意识和创新创业意识较弱。大部分农村居民受限于学历、互联网应用水平等，对信息新技术、运营管理新知识不敏感，对国家出台的利好政策和大数据分析与应用的把握不够，并在掌握经济政策，熟悉电商平台运作流程，开展数据分析，进行美工设计，应对网络安全问题，运用社交媒体运营思维等方面相对滞后。

（四）营销与创新挑战

一方面，大部分农产品商家缺乏品牌意识，对农产品品牌个性的挖掘不深，缺乏对农产品品牌推广服务和消费者体验的经营，导致其农产品的网络竞争力、消费者信任度和点击转化率较低。另一方面，在人工智能、大数据、物联网等现代信息技术影响下，农村电商的营销模式需要不断迭代创新才能跟上时代变化。

三、农村电商相关的国家政策

近年来，我国出台了大量农村电商相关的政策，鼓励和支持农村电商，对促进农村电商的发展起到了至关重要的作用。

（一）专项扶持政策

提供财政资金支持：支持和鼓励农村地区开展电商试点项目，设置相应政策进行资金扶持。例如《关于开展 2021 年电子商务进农村综合示范工作的通知》指出，对入选的电子商务进农村综合示范县给予专项经费支持，对农村电商符合条件企业提供低息贷款、创业担保贷款等金融支持，帮助其解决资金问题。

实施"数商兴农"行动：《中共中央 国务院关于做好二〇二二年全面推进乡村振兴重点工作的意见》指出，加快农村物流快递网点布局，实施"快递进村"工程，鼓励发展"多站合一"的乡镇客货邮综合服务站、"一点多能"的村级寄递物流综合服务点，推进县乡村物流共同配送，促进农村客货邮融合发展。鼓励农村地区开展电商扶贫项目，通过电商平台和技术手段，帮助贫困地区农民增加收入和就业机会。

培育新型农村电商主体：《商务部等9部门关于推动农村电商高质量发展的实施意见》指出，要打造县域直播电商基地，培育农村数字消费场景，培育农村电商供应链服务企业、农村电商带头人、农村电商特色品牌。

（二）培训和支持服务

开展农村电商人才培养计划：投入资金培养与引进一批掌握电商经验和技能的农村电商人才，提高农村电商的专业化水平。

提供技术和管理咨询：设立农村电商产业技术服务平台，提供电商技术咨询和管理咨询服务，帮助农村电商企业解决技术和管理问题。

（三）加强监管和规范

建立健全电商法规体系：制定和完善相关法律法规，明确电商行业的监管标准和规范，保护消费者权益，维护市场秩序。

防范网络诈骗和假冒伪劣产品：加强网络安全监管，打击网络诈骗和假冒伪劣产品，维护农村电商市场的公平竞争环境。

加强农村电商信用体系建设：通过建设农村电商信用体系，对诚信经营的企业给予奖励和支持，对失信企业实施惩戒，促进行业规范发展。

四、农村电商政策特征

农村电商政策具有战略性、引领性、系统性、协同性、动态调整性、地方特色性等特征。

（一）战略性

农村电商政策被视为推动农村经济发展、巩固脱贫攻坚成果和乡村振兴的重要战略。从国家层面出发，对农村电商进行长远规划和战略布局，旨在通过电商手段激活农村市场，促进农产品流通，增加农民收入。

（二）引领性

国家政策在农村电商发展中起到引领作用。国家通过制定相关政策和标准，引导农村电商向规范化、专业化、品牌化方向发展。同时，国家政策还鼓励创新，支持农村电商在经营模式、技术应用等方面进行探索。

（三）系统性

农村电商政策涵盖了多个方面，包括基础设施建设、人才培养、金融服务、物流配送等。农村电商政策体系相对完善，形成了从中央到地方、从政府到市场的全方位支持体系。

（四）协同性

农村电商政策注重政府、企业、社会等各方力量的协同合作，鼓励电商平台、物流企业、金融机构等积极参与农村电商发展，合力推动农村电商健康快速发展。

（五）动态调整性

随着农村电商的快速发展和市场环境的变化，国家政策也在不断调整和优化。政策制定者会根据实际情况对农村电商政策进行动态调整，以适应新的发展需求和市场变化。

（六）地方特色性

地方政府通常会结合当地的特色资源、产业基础和市场需求，制定符合地方实际的农村电商政策措施。例如，有些地方政府重点扶持特色农产品的电商销售，有些地方政府则重点推动乡村旅游与电商的结合。

知识拓展

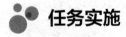 **任务实施**

农村电商政策解读

任务目的：

收集并整理国家、地方政府农村电商政策，从政策中解读国家和地方政府关于农村电商的发展规划。

任务流程及内容：

步骤1：打开"中国政府网"首页，打开"国务院政策文件库"页面，搜索"农村电商"，下载并阅读相关文件，并用 200 字概括其主要内容，完善表 1-3-1。

表1-3-1　农村电商政策汇总表

序号	发布时间	文件名称	主要内容
1			
2			
3			

步骤 2：搜索近 5 年的中央 1 号文件，概括文件中关于农村电商的描述，完善表 1-3-2。

表1-3-2　中央1号文件中农村电商政策汇总表

序号	发布时间	文件名称	主要内容
1			
2			
3			

步骤 3：打开本市政府网站，了解本地的农村电商政策，完善表 1-3-3。

表1-3-3　地方政府农村电商政策汇总表

序号	政策规划	主要内容
1	农村电商的发展规划	
2	农村电商人才培训政策	
3	农村电商资金支持政策	

任务思考：

国家和地方政府是如何调整农村电商政策适应技术发展变化的？

任务四　农村电商模式分析

 ## 知识储备

农村电商在长期的发展过程中，除电子商务 B2B（Business to Business，企业对企业），B2C（Business to Consumer，企业对消费者）、C2C（Consumer to Consumer，消费者对消费者）、O2O（Online to Offline，线上到线下）模式外，结合产品流向、运营特征、依托平台的特点分类，还有以下不同的模式。

一、产品流向分类

根据农村电商的产品流向，农村电商分为输出模式和输入模式。

（一）输出模式

输出模式是指将农产品、手工艺品、加工产品、特色旅游资源等从农村向外部市场输出的电子商务模式。当前，农村电商主要是以输出农村资源为主，从而解决农村产品难销、滞销问题，增加农民收入。该模式通过政府主导、政府委托企业或者企业自发，依托当地特有资源，以品牌化、标准化为路径，增加产品附加值和市场竞争力，实现农民收入的增加。

（二）输入模式

输入模式是指将消费品、服务项目等从外部市场向农村输入的电子商务模式。一般情况下，输入模式通过在县域设立县级服务中心、在乡镇建立服务站点，依托完善的网络服务体系和前端服务点，向农村输入农资产品、消费品、金融产品、服务项目等资源，让农民借助互联网共享发展红利。

二、运营特征分类

根据农村电商的运营特征，农村电商可以分为产业链生态经济模式、一县一品生态经济模式、集散地生态经济模式。

（一）产业链生态经济模式

"产业链生态经济模式"又称为"跨域整合某一品类生态经济模式"，是以某一品类的产品为切入点，所有与该产品有关的地区共同参与，制定产品分类标准，建立溯源体系和服务标准，按统一的标准进行产品加工，统一进行品牌宣传，打通该产品产前、产中、产后全产业链（生产/种植、加工、质检、追溯、仓储、物流、销售、售后等）。

（二）一县一品生态经济模式

"一县一品生态经济模式"是以某一品类农村特色产品或品牌为起点，以县区企业、政府、社会组织、区域带头人为宣传载体，多维度、系统化地通过线上线下渠道塑造本地化地域品牌，即以一县一品为切入点，树立农村品牌，发展农村电商经济新模式，从而推动当地经济发展，将当地的特色产品通过电子商务推向全国乃至全球。

（三）集散地生态经济模式

"集散地生态经济模式"是指利用区位和交通便利的优势发展物流产业，通过物流发货的高性价比，吸引大批有实力的企业聚集于此发展电商产业，从而形成"集散地"，带动当地电商及区域经济的快速发展。该模式的主要特征有：独特的区位优势、发达的仓储物流、完善的电商体系、较强的整合当地资源的能力。

三、依托平台分类

根据农村电商的依托平台，农村电商可分为农村淘宝模式、京东农村电商模式、拼多多模式等。

（一）农村淘宝模式

农村淘宝模式的基本做法是：与地方政府合作，在县域层面建立公共服务中心，政府提供宣传、财务、场地、培训等方面的支持，公共服务中心配备阿里巴巴县域"小二"，负责区域内农村淘宝的管理、业务拓展及村淘合伙人的考核；在村一级层面建立农村淘宝服务站点，主要职能是网上交易的代卖代购和快递的代收代发，主要盈利点是每一单的佣金提成；此外，村淘合伙人也负责当地农特产品的网上销售。

（二）京东农村电商模式

京东农村电商模式可以概括为"双线发展，渠道下沉"。"双线发展"指的是京东县级服务中心和京东帮服务站同时推进：京东县级服务中心系原有的京东配送站改建升级而来，以京东自营为主，负责京东平台上除大家电外的商品的营销、配送和展示等业务，同时通过招募和培训京东乡村推广员，开拓农村市场；京东帮服务站则采用加盟合作的方式运作，负责京东平台上大家电的配送、安装、维修和营销。"渠道下沉"是指京东针对家电下乡的痛点，意图利用京东县级服务中心和京东帮服务站打通四到六级市场，借助自营电商的正品行货优势，提出"让村里人与城里人享受同样的消费服务"的目标，进军农村消费市场。

（三）拼多多模式

拼多多创立于2015年4月，以农产品零售平台起家，深耕农业，开创了以"拼"为特色的农产品零售新模式，即拼多多模式。拼多多平台也逐步发展成为以农副产品为鲜明特色的全品类综合性电商平台，是全球具备规模的纯移动电商平台。作为新电商开创者，拼多多致力于以创新的消费者体验，将"多实惠"和"多乐趣"融合起来为广大消费者创造持久的价值。

除以上模式外，农村电商还有家庭农场模式、自产自销模式、"订单+网商"模式、众筹模式等。这些模式各具特色，适用于不同的农村电商场景和需求。在实际应用中，商家可以根据具体情况选择合适的模式或进行模式创新。

> **知识链接：**
>
> 众筹是一种通过互联网平台，向广大公众募集资金来支持特定项目或创业的方式。这种方式已应用在农村电商中。

 任务实施

农村电商模式分析

任务目的：

通过本案例，加强对农村电商模式的理解，深切感受农村电商在乡村振兴中的强大动力。

任务流程及内容：

阅读配套资源中案例"徐闻菠萝出圈背后 拼多多助力农业新模式"，完善表1-4-1。

表1-4-1　农村电商案例模式分析表

序号	类型	模式	原因
1	产品流向		
2	运营特征		
3	依托平台		
……			

任务思考：

除了拼多多，其他电商平台是否可以达到相同的效果？

任务五　农村电商社会价值认知

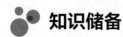 **知识储备**

随着我国电子商务的蓬勃发展，在消费升级和促进"三农"发展的背景下，农村电商产业规模不断扩张，农村电商逐步成为农村产业转型升级、农民收入增长的新路径。电子商务作为一种依赖互联网技术的商务模式，在与农村生产模式的交互融合下，促使农村电商呈现出一定的社会价值，具体体现在以下四个方面。

一、促进农村经济发展

农村电商连接农村小生产与大市场，打破了地域限制，可以较好地解决农业生产与市场脱节及农民对需求信息不敏感的问题，解决卖粮难、卖多种农副产品难及购买部分生产资料难等"卖难、买难"现象。农村电商可以利用网络销售平台对接全国商户与消费者，能够及时将农产品销售到全国各地，降低滞销风险；还可以利用大数据技术，对全国农产品销售与产量进行分析，发展农村电商平台，对农户农产品种植面积与数量进行指导，避免农产品供过于求，保证农民的基本收益。农村电商还可利用互联网平台将农业的生产性功能拓展出观光、旅游、休闲农业和农家乐等多种形式，带动乡村旅游、物流、仓储等产业的发展，促进农村一、二、三产业融合发展。

知识链接：

农家乐模式是指农民利用自家庭院、自己生产的农产品及周围的田园风光、自然景点，以低廉的价格吸引游客前来进行吃、住、玩、游、娱、购等活动。

知识拓展

二、改变农村生产生活方式

电子商务直接作用于生产方式，使农业生产实现规模化、集约化和社会化，从根本上改变了传统的小农生产方式，并带动农村生活方式发生变化，成为农民必备的生活技能，实现农村生产、加工经营和多元化的需求，既有分工，又有协作。

电子商务使买和卖、信息交流和服务更加便捷、高效，使物流、信息流、资金流更加通畅，提升了农民农业生产的成就感、农村生活幸福感和网购的满意度指数，使农村广大农民共享了改革深化、科技发展和社会进步的成果，促进了社会和谐。

三、吸引人才和资金回流农村

近年来，在国家政策鼓励下，很多具有较高学历，或者在大城市、大企业有过工作经验，或者有过创业经历和管理经验的人选择返乡，通过电子商务创业并初见成效后，引起了周围乡民的效仿，从而产生一种"滚雪球"的效应，带动更多的人返乡创业和就近就业。农村电商的发展，还能够带动本地一批思想活跃、愿意接受新鲜事物的农民，他们在农村电商发展过程中，逐渐成长为新时代的农民，具有良好的眼界和思维，成为乡村振兴的有力帮手。同时，由于农村近几年基础设施建设加快，农村电商在农村地区迅速推广应用，吸引大量资金、技术回流。

> **素质园地：**
>
> 当代大学生既要怀抱梦想又要脚踏实地，不仅要努力学习知识，还要用行动磨砺青春，利用"三下乡"等社会实践活动，赶赴乡村基层，为农民带来新文化与新技术，让他们切实感受到新时代潮流下的社会巨变。

四、推进农业现代化进程

中国的农业现代化道路坚持创新、协调、绿色、开放、共享的新发展理念，加快转变农业发展方式，发展多种形式的适度规模经营，着力构建现代农业产业体系、生产体系、经营体系，提升农业质量效益和竞争力，推动粮经饲统筹、农林牧渔结合、种养一体及一、二、三产业融合，实现产出高效、产品安全、资源节约、环境友好的可持续发展。在推进农业现代化的进程中，以农村电商为主要平台和载体的信息化技术的应用将促进"互联网+农业"、物联网农业的高效发展，从而实现农业生产经营的规模化、集约化、信息化、机械化和社会化。

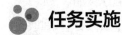 **任务实施**

农村电商社会价值认知

任务目的：

收集并整理本地农村电商案例，通过案例分析农村电商的社会价值，通过调研深切感受农村电商在乡村振兴中的强大动力。

任务流程及内容：

步骤1：请结合"知识储备"中关于农村电商社会价值的介绍，收集并整理本地3个及以上农村电商案例，完善表1-5-1。

表1-5-1 农村电商案例汇总表

序号	案例名称	主要内容
1		
2		
3		

步骤2：结合步骤1，分析收集的农村电商案例主要聚焦领域，完善表1-5-2。

表1-5-2　农村电商案例聚焦领域

序号	案例名称	聚焦领域
1		
2		
3		

步骤3：结合乡村振兴战略"产业兴旺、生态宜居、乡风文明、治理有效、生活富裕"的总要求，通过电话访谈、实地调研等方式分析农村电商案例在推动乡村产业振兴、乡村人才振兴、乡村文化振兴、乡村生态振兴和乡村组织振兴等方面的主要做法，完善表1-5-3。

表1-5-3　农村电商案例分析表

序号	案例名称	主要做法
1		
2		
3		

任务思考：

除了助力乡村振兴，农村电商在社会治理、乡村数字经济等方面还有哪些社会价值？

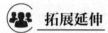 **拓展延伸**

农村电商持续做乡村数字经济"领头羊"

《中国数字乡村发展报告（2022年）》显示，近年来，乡村数字基础设施建设加快推进，截至2022年8月，5G网络覆盖所有地级市城区、县城城区和96%的乡镇镇区，实现"县县通5G"；乡村数字经济新业态新模式不断涌现，农村电商继续保持乡村数字经济"领头羊"地位，2022年全国农村网络零售额达2.17万亿元。

该报告由中央网信办信息化发展局、农业农村部市场与信息化司指导，农业农村部信息中心牵头编制，全面总结了2021年以来数字乡村发展取得的新进展新成效，涵盖乡村数字基础设施建设、智慧农业建设、乡村数字经济新业态新模式、乡村数字化治理、乡村网络文化、数字惠民服务、智慧绿色乡村建设、数字乡村发展环境等8个方面内容，并评价了各地区数字乡村发展水平，为数字乡村建设推动者、实践者和研究者提供参考。

报告称，从2022年试行开展的数字乡村发展水平评价成果来看，我国智慧农业建设快速起步，2021年农业生产信息化率为25.4%；乡村数字化治理效能持续提升，2021年全国六类涉农政务服务事项综合在线办事率达68.2%；数字惠民服务扎实推进，利用信息化手段开展服务的村级综合服务站点共48.3万个，行政村覆盖率达到86%。

🔒 **"三农"创业故事**

她始终秉持援疆初心，敢想敢试，积极创新经营思路和工作方式，带领村民们走上了脱贫致富之路。她提出了反映人民心声的高质量提案，体现了新时代农民的责任与担当。她就是本次要分享的"三农"创业故事主人公尤良英。请扫码观看。

"三农"创业
学思践悟

项目评价

序号	技能点评价（根据能力目标）	个人自评 A.未达标	组内评价 B.达标	教师评价 C.精通
1	明确农村电商的特征			
2	分析农村电商的社会价值			
3	解读农村电商相关的国家政策			
4	理解农村电商模式			
5	掌握信息搜索、整理的相关技能			

序号	素质点评价（根据素养目标）	个人自评 A.未达标	组内评价 B.达标	教师评价 C.精通
1	强化数字素养，提升观察问题、分析问题、辨别是非的能力			
2	唤醒"三农"情怀，做"一懂两爱"的乡村振兴建设者			
3	感受农村电商在巩固拓展脱贫攻坚成果、赋能乡村振兴中的强大动力			
4	拓宽专业视野，增强关心社会、热爱祖国的情感			

学习笔记

📝 项目测试

一、单项选择题

1. 农村电商不仅让更多的农村人口返乡或留在农村发展，还可以吸引周边村镇的农民前来就业，甚至吸引众多外地人前来创业，这体现了农村电商的（　　）效应。

    A. 规模　　　　　　　B. 成本　　　　　　C. 溢出　　　　　　　D. 集群

2. 中国的农业现代化道路坚持的新发展理念指（　　）。

    A. 创新、高效、绿色、开放、共享　　　B. 创新、协调、绿色、开放、共享

    C. 创新、协调、绿色、改革、共享　　　D. 现代、协调、绿色、开放、共享

3. 将农产品、手工艺品、加工产品、特色旅游资源等从农村向外部市场输出的电子商务模式一般称为（　　）。

    A. 农村淘宝模式　　B. 输入模式　　　　C. 家庭农村模式　　　D. 输出模式

4. 《中华人民共和国电子商务法》正式施行时间为（　　）。

    A. 2019 年 1 月　　B. 2018 年 1 月　　C. 2020 年 1 月　　　D. 2018 年 5 月

5. 到（　　）年，乡村全面振兴，农业强、农村美、农民富全面实现。

    A. 2025 年　　　　　B. 2030 年　　　　　C. 2050 年　　　　　D. 2035 年

二、多项选择题

1. 电子商务直接作用于生产方式，使农业生产实现（　　）。

    A. 规模化　　　　　　B. 集约化　　　　　C. 社会化　　　　　　D. 现代化

2. "三农"指的是（　　）。

    A. 农业　　　　　　　B. 农村　　　　　　C. 农产品　　　　　　D. 农民

3. 乡村振兴包括（　　）及组织振兴。

    A. 产业振兴　　　　　B. 人才振兴　　　　C. 生态振兴　　　　　D. 文化振兴

4. 电子商务使买和卖、信息交流和服务更加便捷、高效，使（　　）更加通畅。

    A. 商品流　　　　　　B. 物流　　　　　　C. 信息流　　　　　　D. 资金流

三、判断题

1. 农村电商拓宽了农产品的销售渠道，降低了交易成本，既方便了生产者，又方便了供应商，优化了供应链。　　　　　　　　　　　　　　　　　　　　　　　　　　（　　）

2. 农村电商既可以巩固拓展脱贫攻坚成果，又可以在乡村振兴中大有可为。　（　　）

3. 加强农村电商信用体系建设在推进农村电商进程中不可忽视。　　　　　（　　）

4. 农村电商具有国际化趋势，所有的农产品都可以出口。　　　　　　　　（　　）

四、简答题

1. 简述农村电商的发展模式。

2. 简述农村电商的社会价值。

3. 简述我国农村电商的主要特征。

项目一 农村电商产品开发

● 学习目标

◎ **知识目标**

了解农产品相关知识。

了解农村电商产品用户画像的含义、基本要素及绘制过程。

了解农村电商产品卖点挖掘方法。

熟悉农村电商产品文案类型。

◎ **能力目标**

能够进行农产品分类与分级。

能够为农村电商产品绘制用户画像。

能够进行农村电商产品卖点挖掘。

掌握产品拍摄技巧和产品文案设计。

掌握产品开发策略。

◎ **素养目标**

加强对本地农产品的认知，增进家乡文化认同。

践行社会主义核心价值观，诚实守信，遵守职业道德。

具有在农村电商经营中发现美、欣赏美、创造美的能力。

加深对农产品经营现状的了解，增强产品创新能力。

具有网络安全意识，注意个人隐私保护。

思维导图

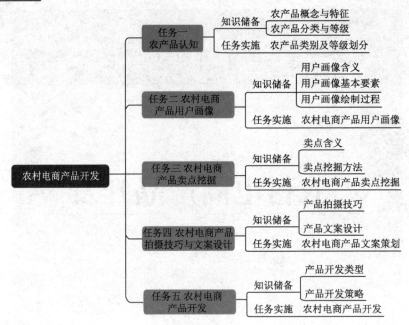

引导案例

从"电商大促"看农产品消费新趋势

根据《2023"双11"消费洞察报告》，2023年"电商大促"（即电商平台组织的大型促销推广活动）中，许多优质农产品热销，大荔冬枣、三门青蟹、周至猕猴桃、蒙自石榴、昭通苹果销售额同比增长均超100%。不少农村的网店已日益成为电商平台中小商家的重要组成部分。分析"电商大促"变化能从中窥见不少农产品消费新趋势。

消费者比过去更关注产品本身价值和品质，拒绝套路，货比三家，"绝不买贵了"。根据咨询公司艾睿铂的报告，产品的功能、质量及竞争优势是消费者做出购物决策的主要因素。例如在农食领域，那些"好吃、营养健康且不贵"的产品将获得更多消费者喜爱。

在农食领域，消费者多样化、个性化、品质化的需求还在不断增加。消费者对农产品的关注重点已经由"有没有""够不够"向"好不好""优不优"转变。不但"量在上升"、消费总体规模在扩大，而且对消费者"质"的追求也越来越高。天猫国际数据显示，2023年"双11"期间高品质的智利车厘子销量增长960%。如何为消费者提供兼顾美味、绿色、健康、营养和高性价比的农食产品成为农食行业新的增长方向。

越来越多的品牌开始讲有情绪价值的商业故事，这些品牌卖的不仅是产品，更是试图满足消费者心理需求的功能。农食产品除了具有充饥的功能，更大的潜力在"食"之外。农食产品天然自带情绪价值，无论是丰富的口感、碳水的饱腹感，还是甜食带来的多巴胺，消费者对美好生活的向往绝不是剥离了价值的"极致低价"。农产品营销需要把更多精力放在产品品质与差异化体验上。"土特产"要出圈既是培育新品牌，也是实现老品牌焕新的过程，自然推陈出新和守正创新都需要。

案例思考：

认真阅读案例，思考并回答以下问题。

1. 如何理解农产品更大的潜力在"食"之外？

2. 如何唤醒家乡的"土特产"，让其更好地符合购买者的需求？

任务一 农产品认知

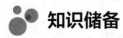 **知识储备**

一、农产品概念与特征

（一）农产品概念

农产品是指源于农业的初级产品，即在农业活动中获得的植物、动物、微生物及其产品。其中，初级产品是指初级产业产出的未加工或只经初加工的农、林、牧、渔、矿等产品；农业活动既包括种植、养殖、采摘、捕捞等传统农业活动，也包括设施农业、生物工程等现代农业活动。在农村电商经营活动中，农产品既包括初级农产品，也包含经过加工的各类产品。

> **知识链接：**
>
> 《中华人民共和国食品安全法》中所称的食品，指各种供人食用或者饮用的成品和原料以及按照传统既是食品又是中药材的物品，但是不包括以治疗为目的的物品。

（二）农产品特征

农产品具有地域性、季节性、波动性、替代性的特征。

1. **地域性**

农产品的生产和消费具有地域性，"橘生淮南则为橘，生于淮北则为枳"。不同地域的农产品具有不同的气候、土壤类型等生长条件，这决定了不同地域的农产品口感、品质和价格的差异。

2. **季节性**

农产品的生产和消费具有季节性，"春生夏长，秋收冬藏"。一些农产品如水果、蔬菜和坚果等通常在特定的时间段内生产，如夏季的西瓜、秋季的苹果和坚果等。

3. **波动性**

农业生产受自然环境和国家政策等影响，具有丰产与欠产之分、淡季与旺季之别。而市场调价具有一定的滞后性，农产品生产和供给呈现一定的波动性。

4. **替代性**

替代性是指一种农产品具有被另一种农产品替代的可能性。粮食产品均有相互的替代性，各种蔬菜也有相互的替代性，在替代产品的供应或需求发生变化时，会影响被替代产品的市场供求，从而使其价格发生相应的变化，影响农业生产者的经济效益。

二、农产品分类与等级

（一）农产品分类

农产品可以按照生产方式、销售方式、加工程度及传统和习惯进行分类。在农村电商运营时，农产品经常按照生产方式和加工程度进行分类。

1. 按照生产方式分类

按照生产方式不同，农产品可分为农耕产品、畜产品、水产品、林产品等。农耕产品是在土地上对农作物进行栽培、收获得到的食物原料，包括谷类、豆类、薯类、蔬菜类、水果类等。畜产品是人工饲养、养殖、放养各种动物所得到的食品原料，包括畜禽肉类、乳类、蛋类和蜂蜜类等。水产品是在江、河、湖、海中捕捞的产品和人工在水中养殖得到的产品，包括鱼、蟹、贝、藻类等。林产品是取自林木的农产品。

2. 按加工程度分类

按照加工程度不同，农产品可以分为初级农产品和加工农产品。初级农产品是指种植业、畜牧业、渔业产品，包括谷物、油脂、农业原料、畜禽及产品、林产品、渔产品、海产品、蔬菜、瓜果和花卉等产品。加工农产品是指必须经过某些加工环节才能食用、使用或储存的加工品，如消毒奶、分割肉、冷冻肉、食用油、饲料等。

（二）农产品等级

1. 农产品等级划分的含义

农产品等级划分是指对农产品的内在品质、外观规格、营养品质、加工品质、包装特点等做出检验评定。农产品等级也称品级，常用顺序号表示，如一等、二等、三等，一级、二级、三级等。例如，普洱散茶分为特级、一级、二级……十级，共11个级别，级别不同，品质各有差异。一般情况下，级别会印在相应的茶叶外包装上，方便消费者辨别。还有一些农产品等级用其他方式表示，例如，根据枸杞的国家标准 GB/T 18672—2014，枸杞分为特优、特级、甲级、乙级四个级别。图2-1-1 所示为某品牌的网店产品参数。

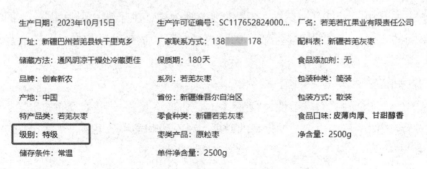

图2-1-1　某品牌的网店产品参数

素质园地：

农产品，一头连着农业产业，另一头连着百姓舌尖。在农村电商经营过程中，要提供优质的产品，不能以次充好，要增加绿色优质农产品供给，提升农产品品质，满足人们对美好生活向往的需要。

2. 农产品等级划分标志

根据农产品的用途、消费层次、生产方式、成熟度、自然形态、病害、气候等特征，农产品有多种分级标志。

（1）合格品与不合格品。合格品是符合使用要求的产品，不合格品是不能使用的产品。例如，香菇如果检测出二氧化硫残留量，则为不合格产品。

（2）优级品、等级品和等外品。在农产品中多用"特级""特等"反映符合要求的农产品优级品，有的也称一等品、优等品。等级品是指虽不完善但仍有一定使用价值的农产品，等级品的等级有很多。若优级品叫一等品，则等级品从二等品算起，但这种分级法容易混淆等级标准，一般较少使用。等外品又称次品，是指虽不符合现有产品质量标准，但仍可使用的产品。

> **知识链接：**
> 知识拓展
>
> 　　三品一标是指无公害农产品、绿色食品、有机农产品和农产品地理标志。"三品一标"是政府主导的安全优质农产品公共品牌，是当前和今后一个时期农产品生产消费的主导产品。

 任务实施

农产品类别及等级划分

任务目的：

分析熟悉的农产品分类与分级，通过分析过程，加深读者对农产品的了解，为将来农产品电商运营打下基础，使其进一步理解"三农"工作，唤醒"三农"情怀。

任务流程及内容：

步骤1：登录电商平台，选择3款及以上自己熟悉的农产品，查看其商品详情页及SKU（Stock Keeping Unit，库存管理单元），将农产品名称、分级名称及价格填入表2-1-1。

步骤2：结合"知识储备"中的学习内容，分析农产品类别及等级划分方法，完善表2-1-1。

表2-1-1　农产品类别及等级划分

序号	农产品名称	分级名称	农产品价格	类别	农产品等级划分方法
1				□农耕产品□畜产品 □水产品□林产品 □初级农产品 □加工农产品	
2				□农耕产品□畜产品 □水产品□林产品 □初级农产品 □加工农产品	

续表

序号	农产品名称	分级名称	农产品价格	类别	农产品等级划分方法
3				□农耕产品□畜产品 □水产品□林产品 □初级农产品 □加工农产品	

任务思考：

请结合自己的所学所感，思考农产品等级划分的价值是什么。在农村电商运营过程中，哪些环节可以体现农产品等级？

任务二　农村电商产品用户画像

知识储备

在进行农村电商产品运营时，除了考虑产品本身的特性，还需要依托大数据技术，了解用户的特点和需求，分析用户数据，进行用户画像分析，持续不断地优化产品。

一、用户画像含义

用户画像是指根据用户的属性、偏好、生活习惯、行为等信息，抽象出来的标签化用户模型。它通过给用户打标签的方式，用高度精练的特征标识描述用户，使用户更容易被理解。用户画像通常包括定性画像与定量画像，定性画像主要描述用户的基本属性、行为刻画、兴趣模型等，定量画像则主要描述用户基础变量、兴趣偏好等可量化的数据特征。

用户画像是实际用户的虚拟代表，能够将产品或品牌的目标消费群体通过数据展示出来，从而进行数据的统计分析。在农村电商产品开发环节做好用户画像，可以为实现农产品电商化做好准备。

二、用户画像基本要素

用户画像是将一类具有共同特征的用户聚类分析后得出的，并非针对某个具象的特定个人。农村电商从业者可以描绘出用户的信息，找出拥有共同兴趣爱好、共同特征的用户群体，从而进行更精准的营销，提供更优质的农产品和服务。用户画像一般包含以下基本要素。

（一）用户基本信息

用户基本信息包括用户的性别、年龄、教育程度、职业、家庭状况、收入水平等，是勾勒用户画像的基础。

（二）用户行为数据

用户行为数据涉及用户在互联网上的上网行为、社交习惯、出行方式及获取知识的方式等，直接反映了用户对内容的兴趣程度。

（三）用户兴趣爱好

用户兴趣爱好涉及用户在不同时间、场合、情境下的行为特点和习惯，如偏好的娱乐方式、游戏类型等。

（四）用户价值观和心理特点

用户价值观包括用户的生活态度、消费观念等，用户的心理特点包括用户的性格特点、心理需求、价值取向等。

（五）用户消费习惯

用户消费习惯包括用户的购物习惯、消费喜好和消费行为等，反映了用户的消费水平和消费心理。

这些要素共同构成了用户画像的基础，使企业能够更深入地了解用户，从而为用户提供更精准的产品和服务。同时，构建用户画像也需要通过算法模型定义人群的用户画像，并进行数据可视化，以便更直观地展示用户特征。

三、用户画像绘制过程

用户画像绘制是一个系统性的过程，旨在通过对用户数据的收集、清洗、整合、分析和可视化，形成对用户全面而深入的理解，包括以下主要步骤。

（一）数据采集

收集农村电商产品用户的基本信息和行为数据，包括用户注册、浏览、搜索、购买、评价等行为数据，以及从社交媒体平台获取的用户评论、点赞、分享等信息。

农村电商从业人员可以利用农村电商运营媒介前台数据和后台数据，前台数据包括商品价格、评价、排名等，后台数据包括广告数据、订单数据等；也可通过问卷调查、用户访谈或焦点小组讨论等常规调研方法，收集用户的背景信息、兴趣爱好、行为习惯等。

农村电商从业人员可以通过以下两种途径采集数据。

1. 内部管理系统。农村电商从业人员可以从企业经营的内部管理系统中查询和采集用户相关的数据信息，如农村电商网店经营后台、农产品采购和管理系统、客户服务管理系统、仓储管理系统、财务管理系统等。

> **素质园地：**
>
> 人工智能时代，企业在通过个人信息创造出巨大的经济价值和社会价值的同时，也增加了用户信息隐私权被侵犯的风险。企业应该建立严格的获取、使用和保护用户隐私的制度，限制信息收集范围，加密敏感数据，强化网络安全措施，保护用户隐私不被泄露。

2. 专业数据机构。专业数据机构可以在其领域提供专业的数据服务。这些机构有先进的数据分析技术、丰富的行业经验和专业的团队，会定期向社会发布研究报告。例如中国食品（农产品）安全电商研究院发布《2023中国农产品电商发展报告》，艾媒咨询发布《2024年中国乡村数字经济发展专题研究报告》（见图2-2-1）等。这些报告专业性强，对农村电商从业人员有很高的参考价值。

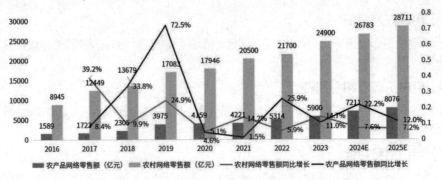

图2-2-1 《2024年中国乡村数字经济发展专题研究报告》部分内容

（二）数据清洗和整合

在完成数据采集后，还需要将不同来源的数据整合为一个完整的数据集，对收集的数据进行清洗，去除噪声和异常数据，发现并纠正数据文件中可识别的错误，包括检查不一致的数据、处理无效值和缺失值等，确保数据的准确性和一致性，以便后续进行分析。这一过程通常是计算机自动完成的，而不是人工完成的。

> **知识链接：**
>
> 数据清洗是指在进行数据分析或机器学习之前，对原始数据进行修复、纠正和整理的过程，以确保数据质量。

（三）数据分析

使用数据分析工具进行统计分析、关联分析、分类分析等，挖掘出用户的需求偏好、兴趣爱好、消费习惯等。

分析用户基本属性，如性别、年龄、教育程度等，以便对用户进行合理分类。

分析用户行为属性，如下单时间、促销敏感度等，以了解用户在购物过程中的行为模式。

分析用户偏好属性，如用户购买的商品关联性，以更好地向用户推荐商品。

（四）用户画像构建

将分析出的用户数据转化为可视化的用户画像，包括用户的基本信息、行为数据、心理特征、价值取向等。用户画像通常使用图形化的展示方式，形成一个完整的用户形象。

（五）持续更新和优化

用户画像是一个不断更新和优化的过程，需要对用户数据进行持续的观察和分析。

根据新的数据和业务变化，及时更新和优化用户画像，以确保其准确性和有效性。

🔵 任务实施

农村电商产品用户画像

任务目的：

根据企业已有数据，对企业用户特征进行整体分析，并绘制用户画像，后续可以针对不同人群制定差异化的运营策略。

任务流程及内容：

步骤 1：打开配套资源（用户画像源数据），获取企业活动期间的用户相关数据。

步骤 2：对采集的数据进行清洗，去除产品名称、产品价格、订单数量中不完整的数据。

步骤 3：利用数据透视图，计算用户来源地占比、用户性别占比。

步骤 4：将年龄分组设定为 1~18 岁、19~25 岁、26~35 岁、36~45 岁、46~55 岁、55 岁以上，分析哪个年龄区间的消费群体数量最多。

步骤 5：用户端分析，计算移动端用户、PC 端用户占比。

步骤 6：分析用户购买偏好的产品，排名第一及排名第二的产品。

借助 Excel 表格完成以上数据分析，并将结论填在以下括号中。

（1）企业用户来源最多的地域是（　　　）。

（2）男性用户占比是（　　　），女性用户占比是（　　　）。

（3）年龄区间消费群体数量最多的是（　　　）。

（4）移动端用户占比是（　　　）、PC 端用户占比是（　　　）。

（5）用户购买偏好排名第一的产品是（　　　），排名第二的产品是（　　　）。

任务思考：

结合以上分析过程和用户画像，总结企业整体用户特征并分析该企业用户购买趋势和需求趋势。企业后续可以制定怎样的用户营销策略？

任务三　农村电商产品卖点挖掘

知识储备

一、卖点含义

产品卖点指的是产品具有的别出心裁的、与众不同的特色、特点。农村电商产品的特点、特色，一方面是产品因地理环境等条件与生俱来的，另一方面是通过营销策划人员的想象力、创造力总结出来的。不论产品卖点从何而来，只要能使之落实于营销的战略战术中，化为消费者能够接受、认同的利益和效用，就能达到产品畅销、建立品牌的目的。

在提炼产品卖点时，应注意以下 4 点。

（1）真实性。卖点必须基于产品的真实特性和功能，不能夸大其词或虚假宣传。

（2）独特性。卖点应具有独特性，能够突出产品与竞品的差异。

（3）针对性。卖点应针对目标消费者的需求和痛点，能够解决消费者的问题或满足消费者需求。

（4）易于理解。卖点应简洁明了，能够让消费者快速理解并产生共鸣。

总之，产品卖点在营销活动中至关重要，它能够影响消费者的购买决策，并推动产品的销售。因此，在制定营销策略时，营销策划人员应充分考虑产品卖点的重要性，认真提炼并进行宣传。

二、卖点挖掘方法

农村电商产品卖点需要基于消费者的视角，从多个维度提炼和挖掘，例如从产品的产地、生长环境、新鲜程度等方面出发，然后用简洁、生动的语言进行卖点的概括。同时，也可以根据目标消费者的需求和痛点提炼卖点，强调产品能够解决消费者的问题的特性。

（一）强调品种和产地

突出农产品的品种特色，如某些特定品种口感更佳、更具风味、营养更丰富。有些品种因其特有的甜度、酸度或果肉质地而受到消费者的喜爱，如车厘子、阳光玫瑰葡萄等。同时，强调产地优势，如土壤肥沃、水源纯净，这些因素对农产品的品质有着至关重要的影响。

（二）突出种植方式和物流

介绍农产品在种植过程中的独特管理方式，如智慧化农业、人工除草、不使用化学农药和化肥，保证产品无农药残留。这种环保、健康的种植方式往往能够吸引更多消费者的关注。同时，介绍物流配送优势，如快速、安全的配送方式，确保产品送达消费者手中是新鲜的，如图 2-3-1 所示。

图2-3-1 产品种植方式及物流特点介绍

素质园地：

种子是农业的"芯片"，我们要培育和推广中国良种，把种子牢牢攥在自己手里，才能减少农民劳动强度，保障粮食稳产丰产，做到"饭碗牢牢端在自己手中"，同时又能有效满足多元消费需求。

（三）展示环境和外观

环境是指产品的生长环境，如光照、降水、空气等级等指标。通过环境卖点展示特色农产品品质，如北纬38°葡萄黄金生长带，年降雨量在150~200mm，昼夜温差10~16℃，全年光照达3000h。同时，以农产品的外观为切入口，侧面展示农产品的优良品质，激发消费者的购买欲望。

（四）展现口碑和荣誉

口碑是消费者购买产品的重要参考，营销策划人员可以通过消费者的正面评价、好评数量展现农产品特色。而农产品获得的官方认证和荣誉，以及严谨的出品流程，这些都能体现产品的品质，增加产品吸引力，提升消费者的信任度，如图 2-3-2 所示。

图2-3-2 产品口碑及荣誉特点介绍

（五）介绍价值和吃法

突出农产品的营养价值，如富含某种营养，具有抗氧化、增强免疫力等健康功效。这些卖点特别吸引注重健康饮食的消费者。针对农产品的不同食用方式，提供多种菜谱和烹饪建议，让消费者了解如何更好地利用和享受产品，增加产品的附加值，如图 2-3-3 所示。

菠萝炒排骨　　　　菠萝炒鸡块　　　　家常菠萝饭

图2-3-3 产品价值及吃法介绍

（六）讲述文化传承和故事

有些农产品具有深厚的文化底蕴和故事背景，这也是一种独特的卖点。通过讲述产品的历史渊源、传统工艺或文化传承，能够吸引对文化有追求的消费者。在乡村振兴的背景下，许多返乡创业的人员成为新农人 KOL，他们有意义、有价值的故事也可成为产品卖点。

在提炼农村电商产品卖点时，需要综合考虑产品的实际特点、市场需求和消费者偏好。同时，要确保卖点的真实性和可信度，避免夸大其词或虚假宣传。通过准确、生动地传达农产品的卖点，才能够提高农产品的竞争力并吸引更多消费者的关注。

> **知识链接：**
>
> 新农人指善于运用新理念、新技术、新业态、新生产组织方式，以从事农业生产、加工、销售、服务等各环节为主要收入来源，且收入水平高于所在地区传统农业从业人员收入水平，有农业情怀、有适度规模产业、有持续发展性、有防风险能力的现代农业经营者。

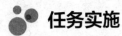
任务实施

农村电商产品卖点挖掘

任务目的：

通过对本地农产品进行卖点挖掘，加强对本地农产品及乡土文化的了解，开发符合消费者需要的农产品，提炼能够激发消费者购买欲望的卖点。

任务流程及内容：

步骤1：结合自身情况，选择一款自己家乡的农产品。农产品产地是：＿＿＿＿＿（具体到县），农产品名称是：＿＿＿＿＿。

步骤2：挖掘农产品卖点，完善以下信息，并将最终提炼的卖点汇总在表2-3-1中。

（1）农产品品种和产地信息：＿＿＿＿＿＿＿＿＿＿＿＿＿＿＿＿＿＿＿＿＿＿＿＿。

（2）农产品种植和物流信息：＿＿＿＿＿＿＿＿＿＿＿＿＿＿＿＿＿＿＿＿＿＿＿。

（3）农产品环境和外观信息：＿＿＿＿＿＿＿＿＿＿＿＿＿＿＿＿＿＿＿＿＿＿＿。

（4）农产品口碑和荣誉信息：＿＿＿＿＿＿＿＿＿＿＿＿＿＿＿＿＿＿＿＿＿＿＿。

（5）农产品价值和吃法信息：＿＿＿＿＿＿＿＿＿＿＿＿＿＿＿＿＿＿＿＿＿＿＿。

（6）农产品文化传承和故事信息：＿＿＿＿＿＿＿＿＿＿＿＿＿＿＿＿＿＿＿＿＿。

表2-3-1　农村电商产品卖点汇总表

产品名称	产品产地	产品卖点
		1.
		2.

任务思考：

如何判断新开发的农产品是否满足市场需求？

任务四　农村电商产品拍摄技巧与文案设计

知识储备

优美的农村环境、硕果累累的果园、新鲜的水果可以通过图片的形式在电商平台直观地呈现出来。优质的农产品图片配上恰当的文案可以吸引消费者关注，也可以在竞品中脱颖而出，提高竞争力，为提高销量奠定基础。

一、产品拍摄技巧

视觉化展示农村电商产品的基础是拍摄精美的图片。通过图片真实、生动、形象地展示产品品质、口感、种养场景，农村电商从业人员需要做好产品拍摄器材的准备，同时掌握一定的拍摄技巧。

（一）拍摄器材

农产品拍摄器材一般包括相机、镜头、三脚架、无人机、灯光设备等。

（1）相机。农村电商从业人员可选择单反相机、微单相机或手机进行拍摄。单反相机通常具有更高的像素和更强大的性能，适用于拍摄高质量照片的场景。微单相机则更轻便，适合携带和移动拍摄。手机的像素和性能可能不如专业相机，但其便携性和易用性使其成为日常拍摄的好选择。

（2）镜头。镜头是影响农村电商产品图片拍摄质量的关键因素。通常需要选择能够清晰展现产品细节的镜头。常见的镜头包括定焦镜头和微距镜头，使用它们能够捕捉到产品的微小细节和纹理。

（3）三脚架。三脚架用于稳定相机，防止拍摄过程中的抖动导致拍摄的图片不清晰。三脚架可以确保拍摄的稳定性，提高产品图片的清晰度。

（4）无人机。无人机可以从空中捕捉地面上的景色和物体，展示农村电商产品的全景全貌，为消费者带来全新的视觉体验。

知识链接：

为促进无人机产业健康有序发展，依法加强无人驾驶航空器飞行及相关活动的安全监管，有效化解和防范风险航空器"黑飞"扰航、失控伤人、偷拍侵权等问题，我国制定了《无人驾驶航空器飞行管理暂行条例》。

（5）灯光设备：农产品拍摄需要良好的光线来展现其质感和色彩。常用的灯光设备包括柔光箱、反光板、LED 灯等。运用这些设备可以调整光线的方向和强度，创设出理想的拍摄环境。

此外，还有一些其他的附件和道具，如背景板、遥控器、镜头纸、清洁布、拍摄台等，也可以帮助提高产品拍摄的质量和效率。部分农产品拍摄器材如图 2-4-1 所示。

单反相机　　　　　　　　三脚架

图2-4-1　部分农产品拍摄器材

（二）拍摄技巧

在农产品拍摄过程中，需要采用一些有创意的拍摄技巧，具体如下所示。

（1）选择合适的背景。为了突出农村电商产品，建议选择素色背景，如白色或淡色。这样的背景能够减弱背景的距离感，增大画面的景深，使产品更加清晰和突出。避免使用过于复杂或花哨的背景，以免分散观众的注意力。

（2）掌握构图技巧。构图是产品拍摄的关键。可以采用对角线构图、三分法构图等经典构图方式，以营造出简洁而有力的画面。对于多个产品的组合拍摄，可以将产品摆放成三角形、弧形或方形等形状，以呈现出整体感。

（3）注意光线和阴影。光线是拍摄中至关重要的因素。确保光线柔和且均匀，避免出现曝光过度或阴影过重的情况。可以使用自然光或柔和的灯光照明产品，使产品呈现出最佳效果。

（4）展示产品细节。消费者在购买时非常关心产品的细节和品质。因此，在拍摄时要注重展示产品的内部细节，如切开后的果肉、蔬菜的切面等。可以使用微距镜头或相机的放大功能捕捉这些细节。

（5）产品创意拍摄。为了增加产品的吸引力，可以尝试使用一些创意拍摄方式。例如，设计不同的场景展示产品的使用情境，或者采用特殊的拍摄角度和构图呈现出独特的视觉效果。

> **知识链接：**
>
> 在拍摄农产品时，可从单个农产品拍摄、农产品组合拍摄、农产品细节拍摄、农产品创意拍摄、农产品场景拍摄等多维度进行。

知识拓展

二、产品文案设计

在电商时代，文案是对商品或服务的一次提炼与升华，是文字与艺术的精妙结合。"走心"的农村电商产品文案设计，不仅考验着运营人员文字表达能力，也同时考验着运营人员艺术方面的能力，可以提升产品吸引力和促进销售。以农产品文案为例，首先应传达核心卖点，成功吸引消费者的关注后，再传达其他信息，并且要从消费者的角度说明农产品的特色与功效。产品文案包括产品介绍型文案、故事叙述型文案、科普知识型文案、优惠促销型文案、用户评价型文案、节日主题型文案，具体如下所示。

（1）产品介绍型文案。这种类型的文案主要用于详细描述农产品的产地、生长环境、品质及口感等特点。通过突出展示产品的独特性和优势，吸引消费者的注意力，并激发其购买欲望。

（2）故事叙述型文案。这种类型的文案通过讲述与农产品相关的故事，如农户的辛勤耕耘、产品的生长过程等，赋予产品情感价值，使消费者更容易产生共鸣和信任感。

（3）科普知识型文案。这种类型的文案针对农产品的营养价值、功效或烹饪方法等进行科普，增加消费者对产品的了解和认识，提升消费者购买决策的理性程度。

（4）优惠促销型文案。这种类型的文案主要用于宣传农产品的优惠活动、折扣或满减等促销信息，通过强调价格优势，刺激消费者的购买欲望。

（5）用户评价型文案。这种类型的文案通过展示其他消费者对农产品的评价和体验，为潜在消费者提供参考，增加其对产品的信任感。

（6）节日主题型文案。这种类型的文案结合特定节日或时令，如春节、中秋节等传统节日，或夏季、秋季等时令，设计相应的主题文案，通过营造节日氛围和强调时令特色，吸引消费者的关注。

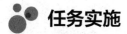

任务实施

农村电商产品文案策划

任务目的：

在学习产品卖点挖掘和提炼的基础上，通过文案策划，使消费者更好地理解和认同产品，激发消费者的购买欲望。

任务流程及内容：

步骤1：结合自身情况，选择一款自己家乡的农产品。农产品产地是：＿＿＿＿＿（具体到县），农产品名称是：＿＿＿＿＿。

步骤2：策划并撰写产品的文案，完善以下信息。

（1）产品介绍型文案：＿＿＿＿＿＿＿＿＿＿＿＿＿＿＿＿＿＿＿＿＿＿＿＿。

（2）故事叙述型文案：＿＿＿＿＿＿＿＿＿＿＿＿＿＿＿＿＿＿＿＿＿＿＿＿。

（3）科普知识型文案：＿＿＿＿＿＿＿＿＿＿＿＿＿＿＿＿＿＿＿＿＿＿＿＿。

（4）优惠促销型文案：＿＿＿＿＿＿＿＿＿＿＿＿＿＿＿＿＿＿＿＿＿＿＿＿。

（5）用户评价型文案：＿＿＿＿＿＿＿＿＿＿＿＿＿＿＿＿＿＿＿＿＿＿＿＿。

（6）节日主题型文案：＿＿＿＿＿＿＿＿＿＿＿＿＿＿＿＿＿＿＿＿＿＿＿＿。

任务思考：

结合本项目任务三，思考产品卖点和产品文案的区别与联系。

任务五　农村电商产品开发

知识储备

一、产品开发类型

农村电商产品开发包括种植过程开发、加工过程开发和新产品开发。

（一）种植过程开发

1. 优良品种开发。优良品种指基因优良的植物种子、种苗或种禽、种畜。优良品种开发是涉及多个环节和技术的复杂过程，一般通过生物品种选育、遗传杂交和转基因工程等方式进行，旨在通过科学的方法和技术手段，培育出具有高产、优质、抗病能力强等优良特性的新品种。例如，车厘子（樱桃）、阳光玫瑰（葡萄）、黄金奇异果（猕猴桃）深受网络消费者的喜爱。

2. 种养过程开发。相同的动植物品种，种植、养殖方式不同，其产品特性也会有差异。例如，萝卜在栽培上一般根据收获季节分为冬萝卜、春萝卜、夏秋萝卜及四季萝卜四类；产于广东省中山市长江水库的脆肉鲩，运用活水密集养殖法养育，肉质结实、清爽、脆口；而山里散放饲养的土鸡和鸡蛋的味道与工厂化大规模养出来的鸡和鸡蛋的味道相差甚远。

（二）加工过程开发

农产品精加工是指在初加工的基础上，将农产品的营养成分、功能成分、活性物质等进行再次加工，实现精加工、深加工等多层次增值的过程。农产品精加工可延长农业产业链、提升价值链、优化供应链、构建利益链，极大程度提高农产品的效益。精加工农产品参考表如表2-5-1所示。

表2-5-1 精加工农产品参考表

序号	初加工农产品	精加工农产品
1	蔬菜	蔬菜提取物、保鲜蔬菜、脱水蔬菜等
2	水果	果汁、烘干水果、冻干果干等
3	茶叶	茶包、茶饮料、速溶茶、茶果露等
4	谷物	谷物粉、发酵品、冷冻面食、预制食品等
5	禽畜	罐头食品、冷冻品、腌制品等

（三）新产品开发

新产品开发内容包括产品整体概念的包装、产品包装设计、外观形象改变等方面。满足人民对美好生活的向往，是用美味满足多样化需求，为消费者带来更多选择。例如五谷杂粮组合豆浆原料包的开发，每日坚果小黄袋系列的开发，褚橙形象的打造，如图2-5-1所示。

图2-5-1 农村电商产品新产品开发

素质园地：

中国特色社会主义进入新时代，人民美好生活需要日益广泛，我国社会主要矛盾已经转化为人民日益增长的美好生活需要和不平衡不充分的发展之间的矛盾。在农村电商产品开发领域，要求企业提供创新产品，满足人民对物质文化生活的高要求。

二、产品开发策略

产品开发策略是改良现有产品或开发新产品的方法。以农产品为例，其口味、大小、生长周期等的创新和改进，都属于新产品开发的范围。常见的产品开发策略有以下几种。

1. 创新策略

创新策略是指农产品在包装设计、规格设计、农产品本身的颜色、农产品造型等方面的创新，如方形西瓜、迷你胡萝卜等。另外，还可以开发农产品的特殊用途，如调配沙棘、猴头菇的比例，为消费者开发养生养胃茶。

2. 合并策略

合并策略是指挖掘同类农产品的共性和优势，合并两款或多款农产品，从而开发出一款集多种农产品优点的新产品，如枣夹核桃。

3. 节便策略

节便策略是指开发出既能加工简单、节约能源，又能携带方便、食用便捷的产品，如猪肉脯、果干等。

4. 差异策略

差异策略注重产品的创新，要求开发出与其他农产品在包装设计或产品性能上有明显差异的产品。

5. 形象策略

形象策略注重农产品的包装设计，要求开发出新颖独特、符合消费者审美需求的新产品。

6. 特定化策略

特定化策略是指开发出具有特定功能和使用价值的产品，这样的产品不容易被其他产品取代，能较快提高市场占有率，如枸杞原浆。

7. 速度策略

速度策略注重开发新产品的速度，能够提高开发新产品的效率。

8. 服务策略

服务策略注重产品的售后服务环节，要求用优质的服务态度和实际举措解决消费者的售后服务需求，如某生鲜平台可以提供部分海鲜的加工服务。

> **案例分析：**
>
> 重庆市合川区古楼镇是中国枇杷之乡，也是"国家级枇杷生产标准化示范区"，当地政府引导本地农产品开发企业，在销售初级农产品枇杷的同时深挖枇杷制品潜力，充分应用在枇杷深加工领域的先进理念和创新技术，生产枇杷花茶、枇杷叶茶、枇杷酿酒、枇杷面、枇杷膏、枇杷棒棒糖等系列枇杷深加工研发制品，甚至充分利用枇杷边角料，提高枇杷产业链利用率。

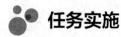 **任务实施**

农村电商产品开发

任务目的：

熟悉农产品开发类型和开发策略，从网络消费者对美好生活的向往视角开发农村电商产品。

任务流程及内容：

步骤1：在电商平台搜索本地农产品，选择其中三种，根据种植过程开发、加工过程开发、新产品开发的分类方法，将结果填写到表2-5-2中。

表2-5-2　农村电商产品开发分类

序号	农产品名称	产品图片	产品简介	开发类型
1				
2				
3				

步骤2：选择其中一款农产品，根据农产品开发策略，完善表2-5-3。

表2-5-3　农村电商产品开发分析

序号	分析项目	分析要求	分析结果
1	新产品构想的形成	思考这款商品在开发时可能出现的构想	
2	新产品构想的筛选	根据产品筛选出最有可能的一种构想	
3	产品概念的形成	拟出产品概念，分析市场接受度	
4	新产品经营分析	做出投入产出分析	
5	正式生产及投放市场	分析产品生产及投放市场过程中可能出现的问题	

任务思考：

农村电商产品开发需要遵循哪些原则？

 **拓展延伸**

推动绿色农产品数字化赋能体系建设

绿色农产品是产地环境和投入要素均符合生态标准的认证优质农产品。数字经济是以数据为关键要素、以现代信息技术融合运用为依托的新经济形态，是重组生产要素和重塑竞争优势的强劲引擎。在推动绿色农产品数字化赋能体系建设的过程中，可参考以下建议。

（1）加快建设一批绿色农产品数字化园区，赋能农业适度规模经营。大力支持绿色有机地理标志农产品发展，积极推动绿色食品原材料标准化生产基地建设，打造一批示范性的农业物联网基地和智慧园区，投建全产业链大数据平台。

（2）完善绿色农产品数字化溯源监管，赋能食品安全高效管理。加强大数据、区块链技术应用，全面推行电子生产记录制度，完善"区块链溯源+合格证"模式，建立健全种植产品、畜禽产品、水产品三大板块生产环节追溯体系。

（3）加大打造绿色农产品数字化品牌的力度，赋能农业附加值提升。加快打造数字营销能力强、线上销售额规模大、产品附加值高的绿色农产品数字化品牌，积极参加中国绿色食品博览会、地标农品中国行等宣传推介活动，充分发挥数据要素作用，依托电商监测平台，评测重点农产品复购率、品牌知晓度和溢价附加值，并向供应链端反馈。

（4）提升绿色农产品数字化的联农助农效果，赋能农户增收致富。绿色农产品基地大多处于偏远农村，数字基础设施落后，农户组织化程度不高。持续改善农村信息基础设施，在打造电商平台、强化电商人才培养、改善财政金融政策支持等方面协同发力，不断提升农户数字化转型的获得感。加快县乡村寄递物流基础设施、"互联网+第四方物流"供销集配体系建设，打通农村电商"首末一公里"。

🔒 "三农"创业故事

她秉承"为自己家乡做点什么"的初心，毕业回到地震后的家乡青川，充分发掘山区优势资源，建渠道、做品牌、搭工厂、立基地，用近 15 年实践农村电商，建成省级电商龙头企业。她就是本次要分享的"三农"创业故事主人公赵海伶。请扫码观看。

"三农"创业
学思践悟

📋 项目评价

序号	技能点评价（根据能力目标）	个人自评	组内评价	教师评价
		A.未达标	B.达标	C.精通
1	能够进行农产品分类与分级			
2	能够为农村电商产品绘制用户画像			
3	能够进行农村电商产品卖点挖掘			
4	掌握产品拍摄技巧和产品文案设计			
5	掌握产品开发策略			

序号	素质点评价（根据素养目标）	个人自评	组内评价	教师评价
		A.未达标	B.达标	C.精通
1	加强对本地农产品的认知，增进家乡文化认同			
2	践行社会主义核心价值观，诚实守信，遵守职业道德			
3	具有在农村电商经营中发现美、欣赏美、创造美的能力			
4	加深对农产品经营现状的了解，增强产品创新能力			
5	具有网络安全意识，注意个人隐私保护			

📝 学习笔记

项目测试

一、单项选择题

1. 视觉化展示农村电商产品的基础是（　　）。

    A. 图片处理　　　　B. 用户画像　　　　C. 产品拍摄　　　　D. 购买数据

2. 不属于用户画像基本要素的是（　　）。

    A. 行为数据　　　　B. 消费习惯　　　　C. 兴趣爱好　　　　D. 面貌特征

3. 产品具有的别出心裁的、与众不同的特色、特点一般称为（　　）。

    A. 引爆点　　　　　B. 痛点　　　　　　C. 卖点　　　　　　D. 痒点

4. （　　）可以在其领域提供专业的数据服务。

    A. 专业数据机构　　B. 财务管理系统　　C. 仓储管理系统　　D. 社会调研报告

5. 针对农产品的不同食用方式，提供多种菜谱和烹饪建议属于（　　）。

    A. 强调品种和产地　　　　　　　　　B. 展现口碑和荣誉

    C. 讲述文化传承和故事　　　　　　　D. 介绍价值和吃法

二、多项选择题

1. 农产品精加工的优势在于（　　）。

    A. 延长农业产业链　　　　　　　　　B. 提升价值链

    C. 优化供应链　　　　　　　　　　　D. 构建利益链

2. 按照生产方式不同，农产品可分为（　　）等。

    A. 林产品　　　　　B. 水产品　　　　　C. 畜产品　　　　　D. 农耕产品

3. 农产品特征包括（　　）。

    A. 地域性　　　　　B. 季节性　　　　　C. 替代性　　　　　D. 波动性

4. 按照加工程度，农产品可以分为（　　）。

    A. 精细农产品　　　B. 加工农产品　　　C. 存储农产品　　　D. 初级农产品

5. 对于多个产品的组合拍摄，可以将产品摆放成（　　）等形状。

    A. 方形　　　　　　B. 叠形　　　　　　C. 弧形　　　　　　D. 三角形

三、判断题

1. 农村电商经营中，用户画像是不变的。　　　　　　　　　　　　　　　　（　　）

2. 在农村电商经营活动中，农产品既包括初级农产品，也包含经过加工的各类产品。

    （　　）

3. 为了突出农村电商产品，只能使用素色背景进行拍照。　　　　　　　　　（　　）

4. 在挖掘卖点时，要确保真实可信，避免夸大其词或虚假宣传。　　　　　　（　　）

5. 口碑是消费者购买产品的重要参考。　　　　　　　　　　　　　　　　　（　　）

四、简答题

1. 简述农村电商产品卖点挖掘方法。

2. 简述农村电商产品用户画像绘制过程。

3. 简述常见的产品开发策略。

项目三

农村电商产品品牌策划

学习目标

◎ 知识目标

了解农产品品牌定位的策略与流程。

熟悉农产品品牌命名和商标设计的方法。

熟悉农产品包装设计的要求和方法。

掌握农产品品牌推广的策略和方式。

◎ 能力目标

能够基于农产品的特性等进行品牌定位。

能够依据品牌命名的原则和方法为农产品命名。

能够利用 AI 工具进行 Logo 的设计。

能够选择恰当的策略设计农产品包装。

能够对农产品进行品牌推广。

◎ 素养目标

树立提升农产品品牌价值、推动农业高质量发展的自觉和担当。

将绿色低碳、优质安全的理念运用在农产品包装设计中。

提升数字素养,树立运用人工智能工具提高工作效率的理念。

思维导图

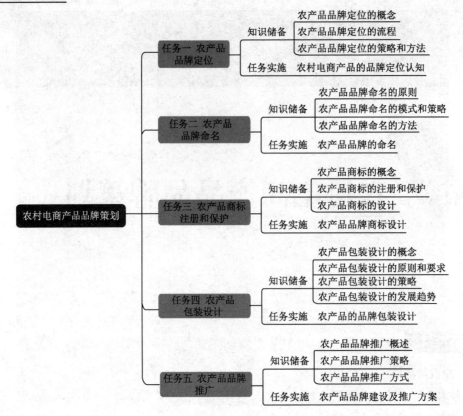

引导案例

中国农产品百强标志性品牌带动产业发展

品牌是农业竞争力的核心标志，是高质量发展的重要表征。

中国农产品百强标志性品牌，主要是根据农业品牌发展规模、口碑、销量、市场占有率、产品竞争力、产业扶贫效果及品牌运营能力等多个维度评选出来的。从我国农产品品牌的分布地区来看，基本呈现东部地区最多、"三品一标"发展最快，而中部和东北部地区其次，西部农产品品牌数量相对较少，发展最慢，这与西部地区的自然条件和资源状况有密切关系。

在四川食品产业上，2022年上榜的"厚全大运蛋"诞生于四川乐山，作为厚全集团的新兴品牌，其通过了64项严苛检测，并获得可生食认证、无抗生素产品认证，其生产园区还获得GAP中国良好农业规范认证、ISO9001质量管理体系认证等行业权威认证。其定位为面向大众消费人群的高品质、可溯源鸡蛋品牌，持续构建产品标准、品控标准、技术标准与生产标准。2023年厚全集团以成都第31届世界大学生夏季运动会（以下简称"成都大运会"）鸡蛋供应为契机，正式推出"厚全大运蛋"，以"每天大运蛋，健康长相伴"为宣传口号，致力于为健康助力、为运动加油。为了更好地推广"厚全大运蛋"，厚全集团还邀请乐山姑娘、中国国家女子网球队队员、成都大运会网球混合双打银牌获得者、2023年香港网球公开赛女双冠军汤千慧担任品牌挚友。通过厚全集团线上官方商城（有赞小程序、抖音企业店、京东旗舰店）以及线下与吉太太卤味推出的联名门店，可以随时购买鸡蛋。线上官方商城还支持在鸡蛋上定制专属喷码，无论是表达心意还是传递祝福，都是"薄礼厚意"的好选择，并延续了成都大运会的供货品质。

案例思考：

认真阅读案例，思考并回答以下问题。

（1）品牌为什么能带动消费者购买？

（2）为什么说品牌的多少能彰显出一个地区的农业实力？

任务一　农产品品牌定位

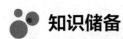 **知识储备**

品牌不仅是企业的无形资产，还能给企业带来直接的和长远的经济效益，同时还是提升农产品市场形象、增强农产品市场竞争力的主要手段之一。

一、农产品品牌定位的概念

（一）农产品品牌定位的含义

农产品品牌是指用于标示农产品来源、品质、特色等信息的商业名称、标志、图案等要素组合，赋予生产出来的农产品一定的特殊标志，是农产品品质和服务独特性的外在表现。

农产品品牌定位是指农产品经营者根据竞争者现有产品在市场上所处的位置，针对消费者对该产品某种特征或属性的重视程度，塑造本企业产品与众不同的鲜明个性或形象，并把这种形象生动地传递给消费者，从而确定该产品在市场中的适当位置。

（二）农产品品牌的分类

农产品品牌可以分为区域公用品牌、企业品牌和产品品牌。

1. 区域公用品牌

区域公用品牌是指在某一特定区域环境内，以独特的自然资源、种植养殖技术或特定的加工工艺为基础，经过长期积累和丰富而形成的，区别于市场上同类竞争产品的农产品标志和符号。它的品牌权益不属于某个个人、企业或集团，而为区域内相关机构、企业等主体共同所有，如"攀枝花芒果""蒙顶山茶""丽水山耕"等。

2. 企业品牌

企业品牌是由某家企业组织或个人独自拥有的，企业品牌不仅传达企业的经营理念，还体现了企业文化、企业价值观念及对消费者的态度，具有明显的竞争性和排他性。例如"中粮""稻香村"等都是本土化的农产品企业品牌。

3. 产品品牌

产品品牌只聚焦于某种产品，是企业品牌的一部分，是企业经营战略实现的重要载体，其品牌打造更多考虑该产品本身的发展及所在行业的发展趋势，如"安居沙田柚""德乡嫂松花蛋""长赤翡翠米"等。

（三）农产品品牌的作用

良好的农产品品牌可以提升农产品价值，增强消费者信任，提升市场竞争力，推动农业产业化经营。

1. 提升农产品价值

通过打造品牌或者品牌背书的形式提升品牌价值，实现农产品品牌溢价，进而提升农民的收入水平，拓展全产业链增值空间，提升农业的整体效益。

2. 增强消费者信任

品牌代表了农产品的质量和信誉。消费者在购买农产品时，更倾向于选择有品牌、有信誉的产品，这是因为品牌能够给予消费者一种质量保障和信任感。这种信任感有助于降低消费者的购买风险，提高购买满意度。

3. 提升市场竞争力

农产品品牌有利于树立农产品形象，提升农业质量效益和竞争力，增强区域影响和可持续发展能力。通过塑造独特的品牌形象和文化等品牌内涵建设，还可提升农产品在国际市场上的知名度和美誉度，实现跨区域、跨国家的销售。

4. 推动农业产业化经营

农产品品牌有助于整合特定地域内的农业产业资源，提高农业产业的组织化程度，促进形成一定规模的特色农业产业集群；有助于进一步推动农业生产要素向优势区域集中，推进特色农业的规模化、标准化、绿色化和专业化发展。同时，农产品品牌建设还能够促进农业与旅游、文化等产业的融合，推动农村经济的多元化发展。

二、农产品品牌定位的流程

农产品品牌定位流程包括市场调研、消费者定位、提炼内涵、测试结果、修改确定等环节。

（一）市场调研

市场调研一般包括行业、市场、目标消费者、竞争对手、企业资源和能力的诊断等方面的调研，根据农产品行业特性，还需调研该品种产业链各个环节情况、农产品文化等。

知识链接：

企业品牌需明确三个优势，明确企业潜在的竞争优势，选择企业的相对竞争优势，显示企业独特的竞争优势。

知识拓展

（二）消费者定位

根据市场调研的资料，结合消费者画像数据，分析品牌的消费对象具有什么样的特征，通过何种渠道进行触达，品牌要给目标消费者传达什么理念等。

（三）提炼内涵

提炼内涵即根据品牌定位，选择适合的内涵，进行整体策划，提炼符合品牌定位的要点，打造整体的品牌形象。

（四）测试结果

农产品定位的目的是塑造本产品与众不同的鲜明个性或形象，最终获得更高的销量和更高的销售额。因此，必须对定位的结果进行目标测试，分析目标消费者对该品牌形象的反馈，情况允许时还要做小区域或者小范围的销售测试。

（五）修改确定

根据目标消费者的反馈或者销售测试的情况，对品牌定位加以调整，再进行测试，直到达到满意的效果就可以确定。

三、农产品品牌定位的策略和方法

（一）农产品品牌定位的策略

农产品品牌定位包括"针锋相对式""填空补缺式""另辟蹊径式"三大策略。

1. "针锋相对式"策略

这种定位策略是把农产品定位在与竞争对手相似的位置上，与竞争对手争夺同一细分市场的策略。采用这种定位策略要求经营者具备资源、产品成本、质量等方面的优势，否则，在竞争中会处于劣势，甚至失败。例如，在高端有机奶市场竞争中，伊利和蒙牛都有各自的品牌。

2. "填空补缺式"策略

这种定位策略不是模仿同类品牌的经营方向，而是寻找新的、尚未被占领的，但又为消费者所重视的经营项目，以填补市场空白的策略。例如，有的农产品经营者发现大企业依托成本优势主要销售肉鸡，因此选择经营"农家鸡""柴鸡"，填补大企业不能经营的市场空白。

3. "另辟蹊径式"策略

这种定位策略是当农产品经营者意识到自己无力与同行业有实力的竞争对手抗衡时，根据自己的条件选择相对优势进行竞争的策略。例如，有的蔬菜经营者既缺乏进入超市的资金，又缺乏运输能力，就避开大型市场的竞争，利用区域集市等将蔬菜销售给不能经常到超市购买的消费者。

（二）农产品品牌定位的方法

农产品品牌定位的方法包括根据农产品质量和价格定位、根据农产品的特性定位、根据消费者的习惯定位等方法。

1. 根据农产品质量和价格定位

农产品的质量和价格本身就能够体现出品牌定位。在消费者的认知中，较高的价格意味着较高的农产品质量。农产品价格普遍偏低，对优质农产品进行数据化描述和实行高价，能使其与普通农产品区别开来，满足消费者对优质农产品的需求，例如褚橙将其口感描述为"甜酸比

24∶1"，因为褚橙虽然比较甜，但又不是最甜的，所以利用数据佐证其甜度。

2. 根据农产品的特性定位

农产品的特性包括其种源、生产技术、生产过程等，这些特性都可以作为农产品定位的因素。例如农产品非常重要的特性是安全，所以"绿色农产品""无公害蔬菜"等都是根据农产品生产过程的安全特性进行定位的。又如在猕猴桃这类农产品中，"红心猕猴桃"因更具有差异性的定位而能卖出更高价格。

3. 根据消费者的习惯定位

通过消费者对农产品的看法确定农产品的形象，如鸡的肉质、口感、价格、养殖方法、性价比、营养、配送保鲜和物流速度等，消费者所关心的每个属性都可以成为定位的维度，对于哪种鸡的肉质更细腻、性价比更高、营养更丰富、养殖方法更原生态和配送速度更快，消费者会自己判断，形成印象。同时，由于场景能够影响消费者对品牌的认定和消费的需求，因此可以使用消费者喜欢的场景、能促进农产品购买需求的场景进行定位。

> **案例分析：**
>
> 江苏某家做草莓采摘的农业园，墙壁装饰用草莓壁纸，室内摆放草莓灯、草莓凳等，打造草莓风的主题氛围。其中的员工统一着草莓装，照明用草莓灯，吃饭用草莓盘，喝水用草莓杯，坐草莓沙发，脚穿草莓鞋。在采摘过程中，还为亲子游客提供统一的草莓篮，让游客可以统一戴草莓帽、着草莓装、携草莓袋等。

4. 根据农产品的产地定位

消费者对全国核心产区、产业基地的产品具有较高的信任度，如安溪铁观音、五常大米等；而对于区域公用品牌，则需要结合农产品特性进一步明晰，如清远鸡的养殖方法有深山散养、农家散养和暗室笼养等。

5. 根据农产品的用途定位

同一农产品可能有多种用途，如有的农产品既可供消费者直接食用，又可用于食品加工，可分别对这些用途进行不同的定位。农产品经营者应主动分析竞争情况，弄清哪些市场空间已经被其他品牌占领，哪些还是空白，结合自身资源，成为某一个市场空白领域的领先者，就是一个成功的品牌定位。

> **案例分析：**
>
> 青莲食品旗下主力品牌"膳博士"，创建于2003年，以"黑猪专家"为品牌定位，全力推进黑猪高端生鲜品牌发展战略，并依托优质种猪资源的核心竞争力，以国家级原种场——嘉兴黑猪原种场和两头乌原种场为基础，四大院士科研实力为背书，形成了膳博士·金标、膳博士·黑标、膳博士·红标三大商品系列，满足不同消费人群的需求。

6. 根据农产品的销量定位

用销量定位的逻辑是依据消费者的从众心理。例如香飘飘奶茶广告语中的"一年卖出三亿多杯，杯子连起来可绕地球一圈"，某袋装蜂蜜在电商平台强调"累计售出30万袋"，都是在突出销量，吸引消费者进行购买。

7. 根据市场的竞争状况定位

一是借助市场空白点，通过细分市场战略，针对市场上未被重视或者竞争对手还未来得及占领的细分市场，推出能有效满足这一细分市场需求的产品或者服务。二是通过比拟名牌或借助知名品牌的影响力给自己的农产品定位，提升知名度和品牌形象。三是通过确定新标准，对竞争对手进行重新定位，从而将自己塑造为市场上的领先者。

8. 根据农产品的文化背景定位

一方水土，一方人文，一方风物。将文化内涵融入品牌，形成差异，不仅可以提升农产品的品位，而且可以使农产品品牌形象更加独具特色。例如南京盐水鸭、南京雨花茶等农产品，共同组成了南京"国字号"地标农产品的阵营。每一件地标农产品，都凝结着农业生产和百姓生活长期形成的地方优良物质文化财富，是乡村振兴的有力抓手。

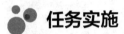 **任务实施**

农村电商产品的品牌定位认知

任务目的：

调研并整理本地农村电商产品的代表性品牌，通过案例分析该农村电商品牌的定位策略、目标用户、用户需求、品牌推广方法和市场影响力。

任务流程及内容：

步骤1：结合"知识储备"中关于农产品品牌定位的介绍，收集并整理本地农村电商产品品牌案例，填在表3-1-1中，主要分析农村电商产品的品牌优势和品牌定位策略。

表3-1-1 农村电商产品品牌优势和品牌定位策略分析表

序号	案例品牌名称	品牌优势	品牌定位策略
1			
2			
3			

步骤2：结合步骤1，分析农村电商产品品牌的目标用户和用户需求，完善表3-1-2。

表3-1-2 农村电商产品品牌目标用户和用户需求分析表

序号	案例品牌名称	目标用户	用户需求
1			
2			
3			

步骤3：基于用户需求，分析农村电商产品品牌在进行定位时的主要做法，实施该定位后的市场影响力，完善表3-1-3。

表3-1-3　农村电商产品品牌主要做法和市场影响力分析表

序号	案例品牌名称	主要做法	市场影响力
1			
2			
3			

任务思考：

如果采用品牌定位方法对你家乡的某个农产品进行品牌定位，你会选择哪两种方法？会提炼该农产品的哪些价值？

任务二　农产品品牌命名

知识储备

合适的品牌名称在市场上易于传播，可以给消费者留下深刻印象。为了增强市场竞争力，企业需要重视农产品品牌命名。

一、农产品品牌命名的原则

农产品品牌命名要遵循名称合法、简洁明了、朗朗上口、体现特征、情感认同、便于发展的原则。

（一）名称合法

名称合法化，即遵循《中华人民共和国商标法》《中华人民共和国知识产权法》等相关规定，既保障本企业的利益，也保障其他企业的利益。同时，为了能够给消费者留下深刻的印象，设计农产品品牌名称时，企业应该避免采用在同类商品上已经使用过或者音义相同、相近的名称。否则，很容易造成消费者对农产品品牌的认识不清以及对企业的认知模糊。

（二）简洁明了

首先要遵循简洁的原则。其次，名称要易认、易写、易记，让消费者能一听就懂，一看就明。若某农产品品牌的名称在消费者初次接触后超过 20min 还能被想起来，就有发展成好品牌的潜力。随着消费者文化水平以及审美观念的不断提升，如果自身产品品牌定位较高端，清新高雅、不落俗套的农产品品牌名称，不但更能显示农产品的高品位，也能塑造出高档次的企业形象。反之，如果自身定位为大众化产品，通俗、简洁、易记的品牌名称则更容易被消费者接受。

（三）朗朗上口

品牌名称只有易读，才能易传播。难于发音或音韵不好的字，难写或难认的字，字形不美、含义不清和译音不佳的字，均不宜采用。

品牌名称运用谐音时要做到讨巧，但不过度依赖，否则会因流于表面而使消费者厌烦。农产品经营者可以运用接地气的字作为品牌名称，读起来能朗朗上口，简单好记。

（四）体现特征

农产品品牌名称要体现产品的特征，与产品特点、行业特点、经营范围相关。例如金龙鱼，容易让消费者联想起产品特点或品牌，有助于品牌推广。

以农产品区域公用品牌为例，这一类型的品牌名称一般应体现两方面特征维度，即三个世界维度和三个属性维度：三个世界维度即历史人文世界、绿色生态世界、品质美味世界；三个属性维度即品牌属性、行业属性、服务属性。

（五）情感认同

农产品品牌命名时要考虑正面意义和联想，表现人类美好追求的基本情感诉求，如欢乐、爱、强大、美、前进、胜利、纯洁、高贵、永恒等。同时，由于农产品具有民族特色属性，一个好的农产品品牌名称还会注意到民族习惯的差异性，这样不但使农产品企业的形象更立体，也会更具针对性。尤其是国内外各地区的喜好和禁忌存在很大的不同，要考虑不同地域、不同民族的文化传统、民俗习惯、风土人情等因素。

（六）便于发展

综合考虑品牌、产品、行业、企业、消费者、竞争对手等因素对农产品品牌进行命名，同时力戒雷同，避免与其他企业或产品混淆。而且农产品品牌在命名时就要考虑到，即使品牌发展到一定阶段时也能够适应。对于一个多元化的品牌，如果品牌名称和某类产品联系太紧，就不利于品牌扩展到其他产品类型。通常，一个无具体意义而又不带任何负面效应的品牌名称，更适合今后的发展。

农产品品牌命名遵循以上原则，才能达到可识别、可感知、可记忆，让消费者听得清、读得出、记得住。

二、农产品品牌命名的模式和策略

（一）农产品品牌命名的模式

农产品品牌命名有产地品牌、品种品牌、企业品牌、产品品牌等模式。

1. 产地品牌模式

产地品牌模式是"产地+产品类别"，指拥有独特的自然资源以及悠久的种植养殖方式、加工工艺历史的农产品，经过区域地方政府、行业组织或农产品龙头企业等营销主体运作，形成明显具有区域特征的品牌，如"西湖龙井""库尔勒香梨""赣南脐橙"等。这种有特色的农产品品牌都已注册地理标志，受《中华人民共和国商标法》的保护，是一种极为珍贵的无形资产。

> **案例分析：**
>
> 山东省东营区域品牌"黄河口"，就因自身产品处于"黄河入海口"的位置而命名；"柴达木枸杞"更是直接借助"中国聚宝盆"柴达木盆地的知名度，进行直接引流；江苏省射阳县属海洋性湿润气候并拥有滨海盐渍型、钾含量异常丰富的水稻土，与普通大米相比，"射阳大米"市场销价每公斤高出 0.10~0.20 元，最高可高出 0.40 元。

2. 品种品牌模式

品种品牌模式是"品种的特色+品类名称"，指一个大类的农产品中有特色的品种，既可以成为一个品牌，也可以注册商标，如"水东鸡心芥菜"。有的品种至今还没有注册成商标，但是广为人知，如红富士苹果。"彩椒"就是彩色的辣椒，这是外观的特色；"糖心苹果"就是很甜的苹果，这是口感的特色；"云南雪桃"是文化的特色。只要产品有特色，都可以成为品牌命名要素，并进而注册成商标。

> **案例分析：**
>
> "南川方竹笋"产于重庆市南川区海拔 1000~2200m 的国家级自然保护区金佛山上。该地域独特的生态环境和良好的自然气候条件孕育了我国独有、世界一绝的"南川方竹笋"，形呈四方，有棱有角，是天然的山珍佳肴，被誉为"竹笋之冠"。

3. 企业品牌模式

企业品牌模式指以企业名称命名，突出产品生产者的字号和信誉。例如一加一天然面粉、"三真"富硒米等，都是以企业名称作为品牌名称的典范。农产品流通领域还有一种渠道品牌，如"天天有机"专卖店，销售有机绿色食品，店里有几百个甚至上千个产品品牌。

4. 产品品牌模式

产品品牌模式指对于一个或者一种产品起一个名字，注册一个商标，打造一个品牌。例如，大连韩伟集团的"咯咯哒"鸡蛋等，这种模式在日常生活中比较常见。

（二）农产品品牌命名的策略

农产品品牌命名策略有目标市场策略、消费者感受策略、情感形象策略和品牌代表品类策略。

1. 目标市场策略

一个品牌走向市场，首先要弄清自己的目标消费者是谁，再以之为对象，通过品牌名称将这一目标对象形象化，将该形象内涵转化为品牌的形象价值。

> **案例分析：**
>
> "太太口服液"品牌名称中的"太太"就直接表明了这种口服液的目标消费者是"太太"这一消费群体，区别于其他保健品男女老少均可服用的无目标诉求方式。由于"太太"这个词本身所包含的特殊传统文化及人物关系的信息，它能对目标消费者产生较强的亲和力。

2. 消费者感受策略

品牌所属的产品都有其特殊的功能特性，一个消费者在消费此种产品时总能产生或期待产生特定的心理感受，品牌可以此为基础进行命名。

> **案例分析：**
>
> "五谷蛋"这一名称直白地告诉消费者该产品是"吃五谷杂粮的鸡下的蛋"。其包装上还有一只用五谷杂粮武装起来的花母鸡，这只鸡下的蛋自然是"五谷蛋"，旁边的一句广告语把消费者的心里话说了出来：五谷优养，自然鲜蛋。不用销售员多说话，仅通过这样的名称和包装，已经把"五谷蛋"的核心利益点传递给消费者。

3. 情感形象策略

"情感形象与价值"被许多品牌作为市场定位及诉求的重要方式，它能直接或间接地引发消费者的情感体验，如"方欣"（谐音放心）大米、"金玉"滁菊等。

4. 品牌代表品类策略

成功的品牌常常是某个品类的代表，例如，"谷多维"，它创建了一个新品类，含有多种营养的谷物饮品，可以补充多种维生素、膳食纤维、微量元素，给消费者提供了一个新选择。

三、农产品品牌命名的方法

农产品品牌命名方法包括形象法、价值法、故事法、产地法、品质表现法、姓氏人名法、生产工艺法和企业名称法等。

1. 形象法

形象法指运用动物、植物和自然景观为农产品品牌命名。借助形象美好的动植物的形象，可以将人们对动植物的喜好转嫁到品牌上，提升消费者认知速度，如台州的"玉麟西瓜"、焦作的"铁棍山药"等。

2. 价值法

价值法指用企业经营者所追求的价值为农产品品牌命名，使消费者看到品牌名称就能感受到企业的价值观念。例如，以具有感情色彩的吉祥词或褒义词引发消费者的好感，如"好想你"枣片（拉近距离），粮油品牌金龙鱼、长寿门、福临门（回应家庭幸福这个基本诉求）等，通过品牌的人格化，互动的人格化，传递产品价值。

3. 故事法

故事法指通过一定的故事进行命名，让品牌名字在消费者心里"落地生根"并有一个确定的形象。例如，"褚橙"就让人容易联想到褚时健的故事。

4. 产地法

农产品受水土的影响，在质量、味道、口感方面会出现较大差别，用产地名命名，有助于这些地方的消费者对产品产生亲近感和信任感，如烟台红富士苹果、莱阳梨、柞水木耳、富平柿饼、马家沟芹菜、盱眙小龙虾、阳澄湖大闸蟹等。

> **知识链接：**
>
> 农产品区域公用品牌取名非常简单，一般为"区域名称+品类名称"，例如阳澄湖大闸蟹、五常大米等，这样取名不脱离区域性，简单、直接、高效，将区域独特资源价值与消费者认知价值合二为一，具有很强传播力和穿透力。
>
> 需要注意，根据《中华人民共和国商标法》规定，县级以上行政区的地名或公众知晓的外国地名，不得作为商标，但是具有其他含义的除外。

5. 品质表现法

品质表现法指在命名时婉转地表现出产品的品质，如××优果、××鲜果、好果××、灵果×等。

6. 姓氏人名法

姓氏人名法指以人的信誉吸引消费者，或以历史、传说人物形象引起人们对商品的联想，如"永福"杜鹃花、"詹氏蜜蜂园"蜂产品、"禹王"牌农机产品、"褚橙柳桃潘苹果"。

7. 生产工艺法

生产工艺法是指以生产特征获得消费者对产品质量的信赖感。以现代科技为由头的命名具有时代感，使人有现代、时髦等感受，如灵宝的"SOD"苹果。

8. 企业名称法

企业名称法是指以企业名称命名的方法，突出产品生产者的字号和信誉，能加深消费者对企业的认知，有助于突出品牌形象，以较低的广告投入获得较佳的传播效果，如四川省青川县川珍实业有限公司的"川珍"木耳等。

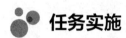 **任务实施**

农产品品牌的命名

任务目的：

调研并整理本地的特色农产品代表，根据农产品品牌命名的相关知识完成一个农产品品牌命名的操作。

任务流程及内容：

步骤1：结合"知识储备"中关于农产品品牌命名的介绍，梳理3个特殊卖点，对应选择3种适用的命名策略和方法进行命名，完善表3-2-1。

表3-2-1　农产品卖点分析和命名策略及方法选择

农产品名称：＿＿＿	卖点1：＿＿＿	卖点2：＿＿＿	卖点3：＿＿＿
适用的命名策略			
适用的命名方法			
三种命名名称			

步骤2：结合步骤1，进行随机调查，选择被调查者喜欢的名称，分析该名称被选择的原因，完善表3-2-2。

表3-2-2　农产品命名调查

名　　称	调研情况	原因分析
名称1：＿＿＿＿		
名称2：＿＿＿＿		
名称3：＿＿＿＿		

步骤3：基于消费者偏好，重新给该农产品命名，完善表3-2-3。

表3-2-3　农产品重命名

原命名	
调整命名	
农产品卖点	

任务思考：

给农产品命名时要讲究一定的策略，你认为农产品的主体——农业公司取名应该注意哪些事项？

任务三　农产品商标注册和保护

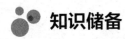 **知识储备**

一、农产品商标的概念

品牌商标是农产品的身份证，可以让消费者记住并区分其来源。随着"商标兴农""品牌富农"的提出，品牌商标日益成为农业发展的核心竞争要素，也是知识产权的重要组成部分。

（一）农产品商标的定义

商标主要是用来区别一个商品生产者或经营者的商品和其他生产者或经营者的商品的一种标记。它可以促使生产者、经营者保证商品质量和维护商标信誉以保障消费者的利益。它向消费者表明带有同一个商标的某种商品来源于同一个商品生产者或者经营者。

农产品商标是指农业生产经营者在农产品上使用的，用以区别农产品来源的标记。

（二）农产品商标注册类型

根据目前行业普遍认可的分类，农产品商标注册类型涉及以下几类。

第一产业农产品有3类。分别是第29类：肉，鱼，家禽及野味，肉汁，腌渍、干制及煮熟的水果和蔬菜，果冻，果酱及乳制品等；第30类：咖啡，茶，糖，米，食用淀粉，面粉及谷类制品等；第31类：农业、园艺、林业产品以及牲畜，新鲜水果和蔬菜，花卉，动物饲料，麦芽等。

第二产业农副加工产品有3类。分别是第29类：加工农产品，奶、蛋、油等营养食品，以及瓜果、蔬菜、干制、腌制品等；第30类：加工过的玉米、小麦、米面制品，糕点、面条、包子、饺子等精加工产品，以及茶叶、粉条、蜂蜜等特色农产品，各种调味料；第40类：农产品加工服务。

第三产业文旅产品有4类。分别是第35类：销售、店招、广告宣传、组织商业或广告展览交易会、艺术演出的商业管理、寻找赞助等；第39类：旅游观光、旅行安排、旅行社、商品包装、物流运输等；第41类：俱乐部、组织表演演出、休闲娱乐、假日野营娱乐服务、教育培训等；第43类：餐厅、酒店、茶馆、住宿等。

> **知识链接：**
>
> 在选择农产品商标注册类别时，需要进一步了解农产品商标的核心类别、重要类别和关联类别。
>
> 知识拓展

二、农产品商标的注册和保护

农产品经营者通过注册商标，获得农产品注册商标专用权，受国家法律保护。这对保护生产者权益、提升品牌价值、增强市场竞争力等具有重要意义。

（一）农产品商标的注册主体

根据相关法律规定，农村承包经营户、合作社、个体工商户均可注册商标，协会、团体可以申请地理商标。

（二）农产品商标的申请准备

农产品商标的申请包括自行申请和委托申请。

1. 自行申请

以公司名义申请，需提供公司营业执照副本复印件，盖公章；以个人名义申请，需提供个人身份证及个体工商户营业执照复印件。此外，还需要提供《商标注册申请书》，在申请书上签字或盖章；商标字样或图样，准备电子版 PNG 格式。

2. 委托申请

如委托他人或机构代理申请，除准备上述材料，还需提供《商标代理委托书》，经个人或企业签字。

（三）农产品商标的申请流程

农产品商标的申请流程包括商标查询、提出申请、实质审查、初审公告和发放商标注册证。

1. 商标查询

一般来说，商标查询涉及检查所申请的商标是否已被他人注册，或者申请主体要注册的商标是否与他人的商标非常相似。这两种情况都会导致商标申请被驳回，因此应该在注册商标前进行商标查询工作。

2. 提出申请

申请主体将申请文件提交至国家知识产权局商标局（以下简称商标局），根据需要在不同的商品和服务类别中提出商标注册申请，申请日以商标局收到申请书的日期为准。

3. 实质审查

实质审查需要大概 9 个月的时间。商标局会查核有关商标注册是否具有显著性，是否符合中国商标法律法规的相关规定。如果审核顺利通过，则申请程序将进入初审公告阶段。

4. 初审公告

初审公告后三个月为异议期，允许任何人提出不同观点，其间如果没有提出异议，则进入核准阶段。

5. 发放商标注册证

核准通过后，发放商标注册证。即日起个人或公司可使用该注册商标。

完成全过程大概需要一年半的时间。如果期间由于某些因素审查不通过，则需更长时间。

（四）农产品商标的权益保护

根据我国相关法律规定，个人或公司依照普通商标注册的要求，向国家知识产权局申请注册，即可获得农产品商标保护。

根据《中华人民共和国商标法》第五十七条规定："未经商标注册人的许可，在同一种商品上使用与其注册商标相同的商标的""未经商标注册人的许可，在同一种商品上使用与其注册商标近似的商标，或者在类似商品上使用与其注册商标相同或者近似的的商标，容易导致混淆的"，均属侵犯注册商标专用权的行为。

此外，根据《中华人民共和国刑法》第二百一十三条和第二百一十四条的规定，"未经注册商标所有人许可，在同一种商品、服务上使用与其注册商标相同的商标，情节严重的"和"销售明知是假冒注册商标的商品，违法所得数额较大或者有其他严重情节的"行为，都会构成犯罪。

> **知识链接：**
> TM、R、C 的区别在于它们各自代表的含义不同。"TM"用于表示商标申请中，"R"表示商标已注册并受法律保护，"C"表示作品享有版权保护。

知识拓展

近年来，我国农业商标品牌的数量和知名度实现了并行发展，商标支撑了农业企业与市场的接轨和融入，商标品牌价值的提升也为农业企业规模化发展提供了重要的无形资产，为其市场开拓等行为提供强力支撑。

三、农产品商标的设计

商标的类型一般包括文字商标、图形商标、数字商标、三维标志商标、声音商标、组合商标等。商标设计是确定优化性商标的创造劳动，应做到体裁多样、构思灵巧、简洁明了、易读易记、鲜明醒目、别致新颖。

（一）设计的类型

农产品品牌商标设计包含很多方面，主要类型包括 Logo 设计和宣传语设计。

1. Logo 设计

Logo 设计是将信息通过"文字+图形"快速、简单、高效地传达和宣传一个公司或品牌的一种手段。设计农产品 Logo 要充分考虑受众人群、产品属性、地域文化等要素，同时还要兼顾消费者的审美需求，利用文字、色彩、图形等元素，运用艺术手法进行创意设计，继而进行视觉识别系统设计，赋予农产品全新的视觉形象。图 3-3-1 所示为丰都红心柚 Logo 设计图。

图3-3-1 丰都红心柚Logo设计图

> **知识链接：**
> 在设计农产品的 Logo 时，可以借鉴全国农产品区域公用品牌 Logo 案例。

知识拓展

2. 宣传语设计

产品宣传语是协助品牌形象更好地传播的重要辅助元素。好的宣传语可以更加真实、直观地传达品牌的情感内涵，使农产品的品牌形象更加清晰。丰都红心柚宣传语设计如图3-3-2所示。

图3-3-2　丰都红心柚宣传语设计

（二）设计的方法

1. 抓准调性

在开始设计前，首先需要对同行业的 Logo 有一个基本的认知和了解，包括通过商业项目竞品分析，找到自身产品差异化的特点。其次，收集和整理农产品行业的常见 Logo，延展出其他行业是调性接近的案例。图 3-3-3 中可以看到大部分的农产品 Logo 所传递的都是质朴、自然、人文、亲和的感觉。再次，分析哪些元素是在农产品 Logo 设计中常用的，明晰设计的基本调性。

图3-3-3　农产品Logo集锦

2. 提取常见元素

（1）行业直接关联元素。即与农产品相关的元素，在 Logo 中经常出现的就是山水、农作物、家禽动物、绿色植物等。根据实际的情况和品牌主营的产品，考虑融合哪些直接关联的元素。

（2）企业直接关联元素。即与本企业具有直接的关联性，与其他企业具有较强差异性的部分。图 3-3-4 所示的"舌尖上的市集"Logo 中人物的衣着姿态具备明显的地域性，与企业所在地和产品有非常强的直接联系。

图3-3-4　企业元素的Logo设计

（3）其他关联元素。

① 人像、动物元素。因该类元素气质质朴、人文感比较强的特点，在农产品 Logo 中的实用度和使用频率最高。

② 单元素的变形。核心点在于单元素本身要足够精准。变形的方向可以考虑从外轮廓变形或基于元素本身调整。

③ 线构元素整合。将单个元素通过线构完成，再找到元素之间的空间关系进行填补或者通过外轮廓置入整合。需要注意线条之间的粗细要保持相对匀称。

④ 多元素融合。要求元素的提炼合理、元素之间的大小比例协调、空间合理、疏密有致。切忌出现部分元素过于细碎而无法识别，或者某个元素太大导致整体失衡的问题。外轮廓类似心形和三角形时，要注意其稳定性以及内部图形与外轮廓的契合度。

案例分析：

"琼中好味"区域公用品牌标志，以琼中的"琼"字、"山兰米""琼中绿橙""茶业""雨林大阔叶外形""大力神纹样""琼中印章"和"苗族玫瑰红"为基本设计元素，经创意设计构成向上生长的热带雨林参天大树图案。

知识拓展

（三）AI 时代的设计工具

农产品的 Logo 设计在 AI 时代有了更便捷的辅助。借助人工智能 Logo 设计工具，可以释放灵感，开发符合需求的 Logo。常见的人工智能 Logo 设计工具有"智绘农品"App、AI Design、Logo123、一键 Logo 设计、Logobean、Meboom、标小智等。

知识链接：

在设计农产品 Logo 时，可先熟悉常见的人工智能 Logo 设计工具。

知识拓展

（四）注意事项

在使用农产品地理标志公共标识时，要遵循公共标识在制作产品包装和标志使用管理上的相关规定，获得授权的企业要严格按照《农产品地理标志公共标识设计使用规范手册》的规定将地理标志公共标识用在产品包装上。

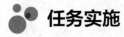 **任务实施**

农产品品牌商标设计

任务目的：

能根据农产品商标和 Logo 设计的相关知识，结合数字时代的 AI 工具，如 AI Design、"智绘农品"App 等，完成一个农产品商标 Logo 的设计。

任务流程及内容：

步骤1：结合任务二，输入对所在家乡某种农产品命名的提示词，如名称字数、寓意、特征等限制条件。

步骤2：根据 AIGC 工具返回的相应命名建议，对命名做出合理选择与解释。

步骤3：输入对 Logo 设计的提示词，如风格、元素、色调等。

步骤4：根据 AIGC 工具返回的一张随机生成的符合要求的 Logo 图片，继续输入对该图片进行包装设计的提示词，如风格、元素、色调等。

步骤5：根据 AIGC 工具返回的一张随机生成的符合用户需求的 Logo 设计图片，进一步细化理念，如输入主标题、副标题、正文，以及设计的要求。

任务思考：

给农产品注册商标、设计 Logo 时，不仅要讲究一定的策略，而且要遵守相关法律法规。如果要使用农产品地理标志公共标识，应如何操作？

任务四　农产品包装设计

 知识储备

农产品包装设计是建立在农产品和包装基础之上的形象设计。心理学研究表明：在人类接收的信息总和中，由视觉器官获得的占 83%，听觉器官获得的占 11%，嗅觉器官获得的占 3.5%，触觉器官获得的占 1.5%，味觉器官获得的占 1%。通过包装设计，激发消费者的购买欲望，提高农产品市场竞争力，是农产品营销者必须高度重视的问题。

一、农产品包装设计的概念

1. 农产品包装设计的定义

农产品包装设计是在品牌定位的基础上，根据目标消费群的消费心理以及消费行为模式等相关要素，有针对性地选用合适的包装材料，运用巧妙的工艺制作手段，为农产品进行的结构造型和包装的美化装饰设计，目的是提高农产品销量与品牌影响力。

2. 农产品包装的形式

常见的农产品包装形式包括纸箱包装、塑料袋包装、瓶装包装、包装盒等。

（1）纸箱包装

纸箱包装是常见的农产品包装形式。它的特点是环保、轻便、容易加工，也比较结实，适合批量生产。根据农产品包装需要，纸箱包装还可按照尺寸和形状进行定制，以满足不同的需求。

（2）塑料袋包装

塑料袋包装也是常见的农产品包装形式。它的特点是轻巧、防潮、耐磨和便捷，适合存放单个产品。此外，经过印刷和定制的塑料袋，拥有丰富多彩的颜色、图案和文字，适合进行品牌推广。

（3）瓶装包装

瓶装包装主要用于液体、半固体等产品的包装。瓶装包装可以有效地保护产品免受外部环境的影响，保证产品的质量和新鲜度。瓶子的透明性还可以方便消费者查看产品，提高消费者购买的信心。此外，瓶装包装可以有效保护农产品不受水分、灰尘和其他污染物的侵害。

（4）包装盒

包装盒包括纸盒、塑料盒、木盒等，它的特点是从外观上提高产品档次，增强消费者的购买欲望。包装盒不仅可以保护产品，还可以印上品牌的标志和介绍，提高品牌的知名度和美誉度。在电商、礼品等领域，包装盒也具有非常重要的作用。

以上是常见的农产品包装形式，每种包装形式都有其特点和优势。在选择农产品包装形式时，需要根据其特性、目标市场和消费者需求等进行综合考虑，以实现更好的营销效果。

二、农产品包装设计的原则和要求

（一）农产品包装设计的原则

农产品包装设计的原则包括科学性原则、经济性原则、可靠性原则、美观性原则。

1. 科学性原则

科学性要求包装设计必须考虑包装的功能，达到保护产品、提供方便和增加销量的目的，符合人们日常生产与生活的需要，同时还要符合广大群众健康的审美观和风俗爱好。包装设计绝不能是华而不实的形式主义产物，也不能单纯地强调销售、审美的功能而给人民的健康、工业生产和社会生活带来不利的影响。

2. 经济性原则

经济性要求包装设计必须符合现代先进的工业生产水平，做到以最少的财力、物力、人力和时间来获得最大的经济效果。这就要求包装设计有利于机械化的大批量生产；有利于自动化的操作和管理；有利于降低材料消耗和节约能源；有利于提高工作效率；有利于保护产品、方便运输、增加销量、使用维修、储存堆垛等流动环节。

3. 可靠性原则

可靠性要求包装设计保护产品，不能使产品在各种流通环节上被损坏、污染或偷窃。这就要求对产品进行科学的分析，采用合理的包装方法和材料，并进行可靠的结构设计，甚至进行一些特殊的处理。例如，必须对集装箱的底部木板进行特殊的杀菌、杀虫处理等。

4. 美观性原则

美观性是广大群众的共同要求。包装设计必须在功能与物质和技术条件允许的前提下，为被包装的产品创造出生动、健康、和谐的造型设计与装潢设计，从而激发人们的购买欲望，美化人们的生活，培养人们健康、高尚的审美情趣，图3-4-1 所示为小罐茶铝制环保包装。

图3-4-1　小罐茶铝制环保包装

（二）农产品包装设计的要求

1. 运输包装设计要求

在货物运输中因涉及装卸搬运等流程，包装人员应尽量避免将容易破损、变形以及使用过的材料作为运输包装。运输包装设计有以下要求。

（1）根据产品的物理特性和化学特性选择适当的包装材料与方法，保证产品在运输中不损坏、不变质、不渗漏。

（2）采用体积小、重量轻的包装材料，注重包装重量。

（3）力求包装标准化和规格化，以方便运输和装卸，节约运费。

（4）要求有简单醒目的标志，使产品安全准确地运达目的地，同时要努力节约包装物件，降低包装成本。

2. 销售包装设计要求

销售包装的功能主要是美化和宣传产品，便于陈列和消费者选购、携带及使用，提高产品价值。销售包装设计有以下要求。

（1）包装造型美观大方，图案生动形象，具有强烈的美学效果，避免与竞争对手同类产品的包装雷同，要采用新材料、新图案和新形状，引人注目。

（2）包装应与产品的价值或质量水平相匹配，根据产品品位和单位产品的价值及消费者的购买要求确定包装的档次。

（3）包装要显示出产品的特点和独特风格，能够直接向消费者展示，可以选择透明的包装材料、开窗式包装或在包装上印彩色图片。

（4）包装设计要求能增强消费者的信任感并指导其消费。

（5）包装设计要适应不同民族不同地域的风俗习惯、宗教信仰、价值观念和心理需要。

（6）包装的造型和结构应考虑使用、保管和携带方便。

3. 生鲜食用农产品包装要求

2023年9月，我国市场监管总局（国家标准委）发布《限制商品过度包装要求 生鲜食用农产品》（GB 43284—2023）强制性国家标准，于2024年4月1日起实施。该标准明确了蔬菜（含食用菌）、水果、畜禽肉、水产品和蛋等五大类生鲜食用农产品是否过度包装的技术指标和判定方法。

主要技术指标包括三方面：一是针对不同类别和不同销售包装重量的生鲜食用农产品设置了10%~25%包装空隙率上限；二是规定蔬菜（包含食用菌）和蛋不超过3层包装，水果、畜禽肉、水产品不超过4层包装；三是明确生鲜食用农产品包装成本与销售价格的比率不超过20%，对销售价格在100元以上的草莓、樱桃、杨梅、枇杷、畜禽肉、水产品和蛋加严至不超过15%。

知识链接：

《限制商品过度包装要求 生鲜食用农产品》，主要目的是倡导生产者和消费者自觉践行绿色生产、绿色消费理念，不生产过度包装的生鲜食用农产品，不选购过度包装的生鲜食用农产品。

知识拓展

三、农产品包装设计的策略

农产品包装的滞后，在很大程度上制约了农业经济的发展。农产品包装设计可选择突出农产品形象、突出农产品用途和使用方法、展示文化整体形象、突出农产品区域背景等策略。

（一）突出农产品形象

突出农产品形象是指在包装上通过多种表现方式突出该农产品是什么、有什么功能、内部成分和结构如何等。这一策略着重展示农产品的直观形象，如图3-4-2所示。

（二）突出农产品用途和使用方法

突出农产品用途和使用方法是指通过包装的文字、图形及其组合告诉消费者，该农产品是什么样的，有什么特别之处，在哪种场合使用，如何使用最佳，使用后的效果等。这一策略能够让人一看就懂，一用就会，并具有知识性和趣味性，比较受消费者欢迎。图3-4-3所示的包装通过展示产品的食用场景，激发消费者嘴馋新奇的心理和即刻下单品尝的购买欲。

图3-4-2 突出农产品形象的包装　　　　　图3-4-3 展示食用场景的包装

（三）展示文化整体形象

展示文化整体形象是指借助良好的文化形象推动农产品营销。这一策略要求农产品具有深厚的文化积淀。有的企业挖掘企业文化，与开发的农产品进行有机融合，达到既展示企业文化，介绍其产品，给消费者留下深刻印象，又有利于促销的目的，如图3-4-4所示。

图3-4-4 融入企业文化的包装

（四）突出农产品区域背景

任何一种农产品都有一定的特殊背景，如历史、地理背景，人文习俗背景，自然景观背景等，包装设计中恰如其分地运用这些特殊背景，能有效地区别同类产品，同时使消费者将产品与背景进行有效连接，迅速建立认知并购买，图3-4-5所示为带有产地元素的包装。这一策略如果运作得好，能给人以联想的感觉，有利于增强消费者的购买欲望，扩大销路。

农产品包装的改进，必须在材料选择、包装设计上充分考虑农产品的特性、销售市场的特点、消费者的消费心理等因素，从而使包装与产品完美地结合，达到促进销售的目的。

图3-4-5 带有产地元素的包装

知识链接：

不同类型的农产品有何特点、对物流运输有何要求，都影响其应选择何种包装设计材料。农产品经营者要熟悉农产品常见类型及包装要求。

知识拓展

四、农产品包装设计的发展趋势

农产品包装设计要具有较强的品牌辨识力，突出品牌形象与价值，注重设计风格的现代化，同时图案样式趋于趣味性。

（一）突出品牌形象与价值

农产品包装不仅是产品的外壳，更是品牌形象和价值的体现。为了从众多有着相似描述语的农产品里脱颖而出，可以在包装设计中突出产品的品牌定位、核心价值和特色。通过包装上的 Logo、品牌口号、产品介绍等元素，传递品牌的故事和价值观，增强品牌认知度和影响力。图 3-4-6 所示合川枇杷包装上的"犹抱枇杷润心甜"，借用古诗词，让广告语更有熟悉感、如同俗语般顺口易记，朗朗上口的同时，也融入产品的核心卖点。

图3-4-6 合川枇杷包装设计

（二）注重设计风格的现代化

倾向于现代化的元素，如简洁明了的线条、清晰易读且突出品牌形象与价值的字体，以及吸引人的色彩搭配。避免过于复杂或烦琐的设计，保持简洁的外观，会更加吸引消费者的注意；避免在包装上过多地堆砌文字和图形，以免影响视觉效果和阅读体验。

（三）图案样式趋于趣味性

近些年来，农产品包装设计中的图案样式都呈现出趣味性，一些大品牌产品已拟定重新注册商标，并融入趣味元素。从营销学的角度来说，趣味性元素也是未来营销的要点。

知识链接：

查看配套资源，了解如何在包装中显现农产品的品牌形象和价值。

知识拓展

 任务实施

农产品的品牌包装设计

任务目的：

调研并整理本地某农产品电商品牌的包装，通过案例分析该农产品电商品牌包装的策略和方法，以及对消费者的产生的效果。

任务流程及内容：

步骤1：结合"知识储备"中关于农产品包装设计的介绍，收集并整理本地农产品电商品牌的包装案例，完善表3-4-1。

表3-4-1 农产品电商品牌包装的策略分析表

序号	案例名称	包装策略	包装材料
1			
2			
3			

步骤2：结合步骤1，分析农产品电商品牌包装的设计方法，完善表3-4-2。

表3-4-2 农产品电商品牌包装的设计方法分析表

序号	案例名称	设计理念	设计方法
1			
2			
3			

步骤3：基于消费者需求，分析农产品电商品牌的传播诉求和传播效果，完善表3-4-3。

表3-4-3 农产品电商品牌包装的传播诉求和传播效果分析表

序号	案例名称	特色元素	传播诉求	传播效果
1				
2				
3				

任务思考：

作为消费者，你对家乡的农产品电商品牌的包装设计满意吗？如果不满意，你会选择哪种设计方法？展示哪些产品元素？

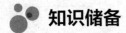

任务五　农产品品牌推广

知识储备

一、农产品品牌推广概述

品牌推广是指品牌所有者通过各种传播手段持续地与目标受众交流，最优化增加品牌资产的过程。其也称为品牌宣传、品牌传播，是品牌建设的最终目的。

农产品品牌建设与推广贯穿农业全产业链，是助推农业转型升级、提质增效的重要支撑和持久动力，可以增强农民开拓市场、获取利润的能力，也可以获得更多品牌溢价收益。

二、农产品品牌推广策略

通过关注消费者的心理和实际需求进行品牌传播，可以发挥品牌的磁场效应和品牌优势，提高农产品品牌的知名度。农产品品牌推广有以下几种策略。

（一）明确品牌定位，形成差异化优势

品牌定位就是在消费者心目中塑造出独特的认知形象。在严把农产品质量关的基础上，企业通过深入理解消费者诉求和市场竞争情况，基于自身资源能力挖掘产品优势，明确品牌及产品的核心价值，突出自身特色，以特色塑造品牌的独特性，实现产品差异化竞争。

（二）深挖风土人情，融入传统文化

一方水土养一方人，每一个地方都有独特的文化习俗，推广者要善于挖掘农产品品牌的历史、地理、传统、风俗等文化特征，形成农产品特色文化，让消费者内心产生共鸣，实现农产品与消费者之间的情感沟通。

> **知识链接：**
> 挖掘农产品的风土文化特色，融入包装设计和品牌故事中。
>
> 知识拓展
>
>

（三）讲好品牌故事，用感情制造溢价

消费者在购买农产品时除了农产品本身，还希望获得农产品背后的"人文、趣味和温度"，了解更多的故事，甚至体会农产品蕴藏的精神。一个好的品牌故事，不但能让消费者了解产品，同时又能跟消费者产生感情交流，商品交易变得有人情味，可以让消费者感受到品牌的温度，实现从精神上、情感上认同品牌。

（四）创新传播渠道，建立传播矩阵

农产品品牌要借助多种传播媒介的力量，形成传统媒体和新媒体传播矩阵，利用线上、线下多种渠道进行整合传播，提升品牌市场认知度。

三、农产品品牌推广方式

农产品品牌推广的方式多种多样，研究发现，近年来我国农产品营销中有效的品牌推广方式包括口碑传播、故事传递、聚集形成合力、产地体验、原生内容、IP 化、区域公用品牌建设等。

（一）口碑传播

农产品消费是一种重在品质的消费，而品质只有经过体验才能被感知，感知的效果因人而异。只有满意的消费者才会积极地为满意的产品做宣传，才能为品牌的推广做贡献，其说服力比广告、公关甚至其他任何推广方式的说服力都要强。口碑传播是农产品的品牌推广最有效的手段之一，这也是终端推广乃至企业推广的最高境界：让消费者主动为你的品牌、产品做推广，做销售，而且不需要你付出任何的代价。因而，口碑传播可以作为推广的一个永恒目标。

口碑传播的要领是：产品品质确实好；有意识地对产品特点进行总结，从而实现朗朗上口（或者易懂易记、幽默风趣）的传播语言效果。

（二）故事传递

品牌故事传递的是品牌的文化和理念，是互联网时代塑造品牌形象的行之有效的手段之一。消费者对故事的记忆更为深刻，同样一款产品，绘声绘色的产品故事比单调的产品功能介绍更容易让人印象深刻。

1. 突出品牌文化内涵

消费者对农产品品牌文化的认同感，关乎农产品的市场竞争力。农产品品牌通过传递其价值观和理念，让消费者更好地了解品牌的历史、传统和文化背景。

2. 讲述品牌发展历程

农产品品牌讲述其品牌起源、取得成就、未来规划等，让消费者更好地了解品牌的成长历程。例如茅台酒是中国著名的白酒品牌之一，茅台酒的历史可以追溯到明朝，茅台酒的品牌故事讲述了茅台酒的制作工艺和历史渊源，以及茅台酒在中国酒文化中的地位。

3. 强调产品品质特点

农产品品牌强调其产品的种植、采摘、加工等方面特点，让消费者更好地了解产品的品质和优势。例如金龙鱼品牌是中国著名的食用油品牌之一，其品牌故事强调了金龙鱼食用油的创新技术和优质产品，以及金龙鱼在中国食用油市场中的地位。

4. 创造文化情感共鸣

通过生动形象的故事情节和人物形象，让消费者产生共鸣和认同感。例如，在品牌故事中加入人性化的元素，让消费者能够感同身受。通过讲述人物的挑战、成长、情感体验等，引起消费者的情感共鸣，使他们与品牌建立起情感联系。例如"怕上火，就喝王老吉"成为经典品牌宣传语。

（三）聚集形成合力

地方农产品可以树立区域品牌核心价值观，"抱团"提升品牌推广效果。一是形成梯度建设体系。例如，通过区域公用品牌+企业产品品牌+服务业品牌，提升地方农产品知名度、美誉度。二是因营销预算有限，需要对品牌进行系统化建设、一体化运营才能起作用，例如，建立品牌规划+领导组织+管理运营+产品营销+协同推广+监督服务的农业区域品牌一体化运营模式，如图 3-5-1 所示。

图3-5-1　农业区域品牌一体化运营模式

（四）产地体验

在食品安全越来越受重视的背景下，为满足消费者对农产品的安全、健康等要求，产地体验能获得产品品质的权威背书。目前不少农产品品牌，例如，汇源、伊利，充分利用近年来城市消费者对于"原生态"的追捧，邀请消费者到原产地进行参观和体验，强调"产地直供"的概念，与农产品原产地政府进行合作，还从品牌、推广、渠道等方面一次性解决了农民们销售难的问题，将新鲜的农产品直供到消费者的餐桌上。

（五）原生内容

品牌原生内容是内容营销的基石，农产品品牌在原生内容生产方面有天然的优势，这是因为每一个农产品和每一个农业企业有自己的独特之处。可从以下三个方面做好品牌原生内容打造。

1. 介绍好产品

介绍农产品时，可以介绍农产品的生长环境、生产方式、理化指标和产品的其他独特之处。天然和真实是让消费者信任的关键。

2. 成为权威专家

农产品品牌可以通过入驻知乎机构号和小红书等构筑专业的形象，告诉消费者什么样的农产品才是好产品，如何选，如何买，如何吃。

3. 成为生活方式

每个人都有一个田园生活梦，农产品品牌可以通过产品内容让消费者体验田园生活。

（六）IP 化

IP 化是品牌打造的一种新工具，当品牌为自身塑造鲜明的人格，通过内容与消费者持续进行有价值的互动，并赢得越来越多消费者的喜爱和追捧，这时品牌就能成为 IP。不是所有品牌都是 IP，但品牌可以打造成为 IP，因此 IP 是品牌进化的高级阶段。打造 IP 时需要拟人化（人设、三观、形象、时代背景等），以下是三种常见的将品牌 IP 化的方法。

1．品牌创始人或者核心人物 IP 化

将品牌创始人或者公司核心人物的个人精神加入品牌的形象中，进而产生出巨大的品牌号召力。"褚橙"就是将创始人褚时健打造成励志的 IP，品牌的 Logo 也直接使用戴草帽的褚时健头像。

2．品牌拟人化、个性化

为了提升产品品牌的 IP 形象，可以将自身产品所拥有的优势与 IP 形象相结合，直接最大化地从视觉上增强品牌印象，增加品牌魅力。例如，湖北恩施的富硒土豆"小猪拱拱"，就是直接用一头爱吃土豆的可爱小猪作为品牌的 IP。

3．品牌名升级为 IP 形象

将品牌名直接升级为 IP 形象最大的好处就是直观，容易形成高度一体的 IP 化品牌。例如，江小白酒业等。

（七）区域公用品牌建设

农产品区域公用品牌建设有三个策略：一是产品策略，即提高产品价值、提升产品名气与完善产品形象，产品策略的重心是品牌化；二是产业策略，即以产业结构为中心，结合产业链所有资源，集中加工因素且开展高效经营，产业策略的重心是组织化；三是区域经济策略，依靠一产，带动二三产，或者让主导产业产生相关产业，做大产业经济，完成富民强县，区域经济策略的重心是集合化，扩大农业产业链、价值链，提升农业总体效益。

总之，农产品品牌推广离不开推动和拉引两大基本策略，每一种策略都包括一些具体的推广方式，每一种方式都有利有弊。企业在选择农产品品牌推广方式时，应根据产品的特点、目标定位、自身实力、渠道模式、发展战略等，结合各种推广方式的特点来确定，不可机械模仿，不可盲目照搬别人的做法。

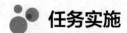 **任务实施**

农产品品牌建设及推广方案

任务目的：

根据本项目所学内容，能够对本地某农产品进行品牌建设及推广营销。

任务流程及内容：

步骤1：结合"知识储备"的相关知识，调研、分析该农产品的背景、特色，调研其市场规模、市场前景和竞品，并进行优势、劣势、机会、威胁分析。

步骤2：基于步骤1，确定该产品的品牌定位，并设计该农产品的名称、Logo、商标、包装（如果沿用原命名、商标和 Logo 等，则需给予分析并提出原因）。

步骤3：基于步骤2，制定该农产品的前期、中期、后期（长期）品牌战略目标。

步骤4：基于步骤3，设计一次品牌推广活动，包括活动目标、活动主题、活动对象、活动时间和地点、活动要求、活动流程、宣传方案、活动预算、风险及控制措施等。

任务思考：

农产品生产经营者的品牌建设有哪些积极作用？当某农特产品的科技含量不高时，如何进行品牌建设？

🔒 "三农"创业故事

她大学毕业后毅然选择回乡"种田"，扎根田野，将现代化企业管理模式和现代农业经验植入农业合作社，帮助该村的大量农业劳动力向二、三产业转移，实现了入社农户转移增收。她就是本次要分享的"三农"创业故事主人公王伶俐。请扫码观看。

"三农"创业
学思践悟

👥 拓展延伸

农产品包装相关规定

1. 农产品包装和标识管理规定

《中华人民共和国农产品质量安全法》第三十八条规定："农产品生产企业、农民专业合作社以及从事农产品收购的单位或者个人销售的农产品，按照规定应当包装或者附加承诺合格证等标识的，须经包装或者附加标识后方可销售。包装物或者标识上应当按照规定标明产品的品名、产地、生产者、生产日期、保质期、产品质量等级等内容；使用添加剂的，还应当按照规定标明添加剂的名称。具体办法由国务院农业农村主管部门制定。"

（1）农产品生产企业、农民专业合作社以及从事农产品收购的单位或者个人，应当依法履行包装或者标识义务。对于一家一户、农民自产自销的农产品，没有提出包装和标识要求。

（2）按照规定应当包装或者附加标识的农产品，只有经过包装或者附加标识后才可以上市销售；未经包装或者未附加标识的，不允许上市销售。

（3）销售的产品在包装物或者标识上必须标明品名、产地、生产者、生产日期、保质期、产品质量等级等内容。

（4）农产品在包装、保鲜、贮藏、运输过程中使用添加剂的，必须标明使用的添加剂名称。

2. 农产品包装、保鲜、贮存、运输中使用相关材料要求

《中华人民共和国农产品质量安全法》第三十五条规定："农产品在包装、保鲜、储存、运输中所使用的保鲜剂、防腐剂、添加剂、包装材料等，应当符合国家有关强制性标准以及其他农产品质量安全规定。"保鲜剂，是指保持农产品新鲜品质，减少流通损失，延长贮存时间的人工合成化学物质或者天然物质。防腐剂，是指防止农产品腐烂变质的人工合成化学物质或者天然物质。添加剂，是指为改善农产品品质和色、香、味以及加工性能加入的人工合成化学物质或者天然物质。

项目评价

序号	技能点评价（根据能力目标）	个人自评	组内评价	教师评价
		A.未达标	B.达标	C.精通
1	能够基于农产品的特性等进行品牌定位			
2	能够依据品牌命名的原则和方法为农产品命名			
3	能够利用 AI 工具进行 Logo 的设计			
4	能够选择恰当的策略设计农产品包装			
5	能够对农产品进行品牌推广			

序号	素质点评价（根据素养目标）	个人自评	组内评价	教师评价
		A.未达标	B.达标	C.精通
1	树立提升农产品品牌价值、推动农业高质量发展的自觉和担当			
2	将绿色低碳、优质安全的理念运用在农产品包装设计中			
3	提升数字素养，树立运用人工智能工具提高工作效率的理念			

学习笔记

项目测试

一、单项选择题

1. 当蔬菜经营者既缺乏进入超市的资金，又缺乏运输能力时，可以采用的品牌定位策略是（　　）。

    A. "排挤对手式"策略   B. "另辟蹊径式"策略

    C. "填空补缺式"策略   D. "针锋相对式"策略

2. 如果经营者具备资源、产品成本、质量等方面的优势，可以采用的品牌定位策略是（　　）。

    A. "排挤对手式"策略   B. "另辟蹊径式"策略

    C. "填空补缺式"策略   D. "针锋相对式"策略

3. 不是模仿别人的经营方向，而是寻找新的、尚未被占领的，但又为消费者所重视的经营项目的策略是（　　）。

    A. "排挤对手式"策略   B. "另辟蹊径式"策略

    C. "填空补缺式"策略   D. "针锋相对式"策略

4. 基于产品使用者对产品的看法确定产品的形象，进行目标品牌定位的方法属于（　　）。

    A. 根据农产品质量和价格定位   B. 根据农产品的特性定位

    C. 根据农产品的产地定位   D. 根据消费者的习惯定位

5. 通过比拟名牌产品，借助知名品牌的影响力来提升本产品的知名度和品牌形象的品牌定位方法属于（　　）。

    A. 根据市场的竞争状况定位   B. 根据农产品的销量定位

    C. 根据农产品的特性定位   D. 根据农产品的文化背景定位

二、多项选择题

1. 农产品品牌可发挥（　　）作用。

    A. 提升农产品价值   B. 促进农产品消费升级

    C. 提升农产品市场竞争力   D. 推动农业产业化经营

2. 农产品品牌定位常用（　　）策略。

    A. "针锋相对式"   B. "填空补缺式"   C. "排挤对手式"   D. "另辟蹊径式"

3. 农产品品牌可分为（　　）。

    A. 区域公用品牌   B. 地理标志品牌   C. 产品品牌   D. 企业品牌

4. 农产品品牌设计中，经常用到的提取元素的方法包括（　　）。

    A. 行业直接关联元素   B. 颜色相关元素

    C. 企业直接关联元素   D. 以上都对

5. 农产品品牌推广方式包括（　　）等。

    A. 口碑传播   B. 故事传递   C. 产地体验   D. 原生内容

三、判断题

1. 农村电商品牌是区别每种农产品的独特标识，是农产品品质和服务的外在表现。

（　　）

2. 农产品品牌是指用于标识农产品来源、品质、特色等信息的商业名称、标志、图案等要素组合。 （　　）

3. AI 时代，农产品的 Logo 设计完全可以依靠工具进行。 （　　）

四、简答题

1. 简述农产品品牌定位的流程。

2. 简述 AI 时代的设计工具。

3. 简述商标注册的方法。

项目四

农产品网店运营

◖ 学习目标

◎ 知识目标

熟悉农产品网店信息发布流程。

掌握农产品网店标题优化方法。

掌握农产品网店主图和详情页优化技巧。

掌握农产品网店信息流推广方法。

熟悉农产品网店售后服务的内容和技巧。

◎ 能力目标

能够开设农产品网店并发布农产品信息。

能够合理挖掘和组合关键词。

能够制作农产品主图和优化详情页。

能够开展农产品信息流推广活动。

能够运用售后服务技巧解决相关问题。

◎ 素养目标

培养在运营过程中总结分析的习惯。

强化数字化思维能力，提升数字经济素养。

培养网店运营过程中遵守电子商务相关法律的意识。

增强以客户为导向的服务意识。

树立协作共进、精益求精的工匠精神。

思维导图

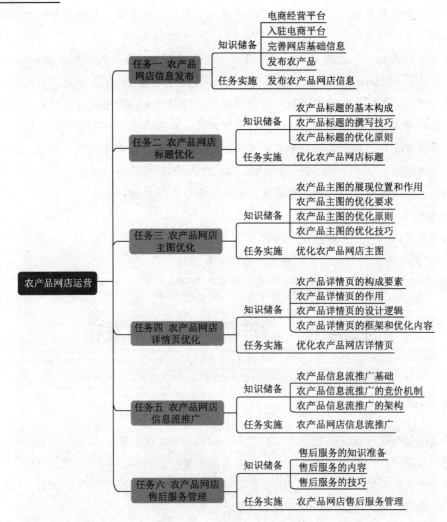

农产品网店运营

任务一 农产品网店信息发布
- 知识储备
  - 电商经营平台
  - 入驻电商平台
  - 完善网店基础信息
  - 发布农产品
- 任务实施
  - 发布农产品网店信息

任务二 农产品网店标题优化
- 知识储备
  - 农产品标题的基本构成
  - 农产品标题的撰写技巧
  - 农产品标题的优化原则
- 任务实施
  - 优化农产品网店标题

任务三 农产品网店主图优化
- 知识储备
  - 农产品主图的展现位置和作用
  - 农产品主图的优化要求
  - 农产品主图的优化原则
  - 农产品主图的优化技巧
- 任务实施
  - 优化农产品网店主图

任务四 农产品网店详情页优化
- 知识储备
  - 农产品详情页的构成要素
  - 农产品详情页的作用
  - 农产品详情页的设计逻辑
  - 农产品详情页的框架和优化内容
- 任务实施
  - 优化农产品网店详情页

任务五 农产品网店信息流推广
- 知识储备
  - 农产品信息流推广基础
  - 农产品信息流推广的竞价机制
  - 农产品信息流推广的架构
- 任务实施
  - 农产品网店信息流推广

任务六 农产品网店售后服务管理
- 知识储备
  - 售后服务的知识准备
  - 售后服务的内容
  - 售后服务的技巧
- 任务实施
  - 农产品网店售后服务管理

引导案例

淘天集团 4 年销售农产品超 1 万亿元

2023 年 9 月 23 日，第六个中国农民丰收节在安徽芜湖举行，淘天集团现场展示其助农成果。过去 4 年，淘天集团旗下淘宝平台和天猫平台农产品销售额超过 1 万亿元。平台先后投入亿级流量支持，涉及 130 余个产业，覆盖超百万件农产品，帮助更多农产品走出大山。

在陕西武功县，淘宝启动了猕猴桃上市采摘活动，一个个猕猴桃经过刷毛处理、拍照、分层筛选等一系列操作，树上的毛果就变成了商品果。国产猕猴桃产业在淘宝的加持下，正发挥出巨大的潜力，为农产品品牌的打造奠定了良好的基石。

在新疆阿勒泰地区，大闸蟹获得丰收，淘宝成为首个售卖新疆大闸蟹的电商平台。新疆阿勒泰地区的大闸蟹在天然冰川雪水里养殖，口感质量上乘，被称为冰川雪蟹。

在东北，天猫与黑龙江省虎林市人民政府、黑龙江省农科院，就 10 万亩大米联合种植达成合作，共同进行优质水稻品种培育，开展种植推广，推出大米产业带"联合种植+品牌孵化+销售保证"的一体化发展模式。由于解决了销售渠道问题，品质上佳、口感优良的大米被全国消费者所接受，逐步增加农民收入。

平台销售数据显示，2022年，全国832个脱贫县在淘宝平台和天猫平台销售额超1300亿元，160个国家乡村振兴重点帮扶县销售额超过43亿元。截至2023年9月，普洱茶、大米、牛肉、即食燕窝、腊肠在淘宝农产品销售额排名榜中位居前五；西兰花、阿胶浆、车厘子、西瓜的销售额增幅最快；广东、浙江、江苏的消费者更喜欢在淘宝平台上购买农产品。

此次丰收节期间，淘天集团和知识产权出版社签订战略合作框架协议，推出"地标行——地理标志品牌繁荣"行动计划，支持与推动国家已批准的2000多件地理标志农产品加入淘宝平台和天猫平台，为地理标志农产品拓展线上销路提供全方位支持。

案例思考：

认真阅读案例，思考并回答以下问题。

1. 在电商平台上开设农产品网店有什么优势？
2. 除了淘宝平台和天猫平台，你还知道哪些电商平台？

任务一 农产品网店信息发布

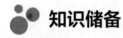 **知识储备**

开展农产品网店运营首先要把网店和农产品信息发布出去，这就需要一个平台作支撑。除了自建网站，还可以选择现有的电商平台，或者同步进行。目前，我国知名的电商平台都在农产品领域开辟了相关板块，也吸引了很多农产品商家入驻。这些平台多属于B2C、C2C模式，直接面向消费者，知名度高、管理完善、流量大。

一、电商经营平台

在众多电商平台中，淘宝、京东、拼多多是占据头部位置的综合性电商平台。其中，淘宝的入驻门槛相对较低，但后期推广有一定的难度。京东的入驻门槛较高，但整体口碑较好。拼多多的入驻门槛低，但竞争非常激烈，而且其主营方向为移动端，其PC端网站仅用作展示、服务，无交易功能。

> **知识链接：**
> 淘宝、京东、拼多多三家平台的店铺类型总体上分为个人店和企业店两大类，均支持个人、个体工商户和企业开店，需要商家缴纳一定数额的保证金。

知识拓展

二、入驻电商平台

淘宝、京东、拼多多三家平台的入驻入口位于 PC 端网站首页顶部。淘宝的入驻入口为"免费开店";京东的入驻入口为"商家服务"下拉列表中的"合作招商";拼多多的入驻入口为"拼多多商家入驻"。它们的入驻流程基本上都分为入驻准备、提交申请、审核认证、店铺上线四个步骤,只是在细节、标准上有所不同,并且有非常详细的页面提示和范例样本供商家参考。

> **知识链接:**
>
> 入驻淘宝、京东、拼多多时需要明确主体类型或店铺类型,因为涉及的申请材料不同,功能与运营效果也有差别。

三、完善网店基础信息

成功开店后,需要对网店的基础信息进行完善。虽然很多重要的信息在申请入驻时已填写并上传过,但大多数平台会出于简化入驻流程的考虑,而将一些不影响网店申请的信息留到后续的流程中完成。这些不影响网店申请的信息并非不重要,如果疏于完善,就会对店铺的辨识度、引流效果及后期推广产生不利影响。常见的网店基础信息包括店铺名称、店铺标志、店铺介绍、经营地址等项目。

(一)店铺名称

店铺名称是网店在平台内索引的重要载体,直接影响网店的知名度和流量,需要商家认真对待。对于店铺名称的设定,一般会区分个人店与企业店。有的平台要求商家在申请入驻时就设定好店铺名称,之后会有修改周期的限制。有的平台则允许商家开店成功后再重新设定店铺名称。图 4-1-1 所示为拼多多平台店铺命名规则。一般情况下,各平台对店铺名称都列出了非常详细的命名规则,商家可以参考。

图4-1-1 拼多多平台店铺命名规则

(二)店铺标志

店铺标志简称店标,即店铺 Logo。店铺标志是网店形象传递过程中应用比较广泛、出现频率较高,同时也是非常关键的元素。五常大米官方旗舰店标志如图 4-1-2 所示。优秀的店铺标志可以准确地把店铺的形象与概念转化为视觉印象,代表店铺的风格、品位,起到宣传的作用。

图4-1-2 五常大米官方旗舰店标志

（三）店铺介绍

店铺介绍是对网店整体情况的说明，是宣传网店的一种方式。店铺介绍会加入平台内索引，在消费者搜索页面中展示出来。商家可以通过独特的店铺介绍吸引消费者的注意，把农产品优势、服务优势或店铺特点表达出来，也可以加入农产品关键词便于平台内引流。

（四）经营地址

经营地址可以是网店的发货地址，也可以是农产品所在地地址。对于农产品来说，消费者对于产地是比较敏感的，经营地址位于农产品原产地的店铺一般会对消费者的购买意愿产生促进作用。

四、发布农产品

发布农产品是指商家按照平台商品发布规则和流程，通过文字和图片的形式将农产品发布到自己的店铺中。这个过程一般包括撰写农产品标题、填写农产品属性、提炼农产品卖点、制作农产品主图、设计农产品详情页和管理农产品上下架等方面。

（一）撰写农产品标题

农产品标题是农产品展现在消费者搜索结果页面的关键元素。由于多数农产品具有产地、品种等特质属性，消费者一般会通过搜索属性关键词的方式查找农产品，因此一个好的标题对农产品来说非常重要。一个完整的农产品标题组成应遵循的规则为：品牌+农产品名称+基本属性+规格参数（非必要），顺序可调整。当季或预售农产品标题名称的后面可增加"年份+季节"。需要注意的是，滥用品牌、关键词堆砌，或者添加与本农产品无关的关键字将受到平台的处罚。

（二）填写农产品属性

农产品属性是指产地、品种、品质、等级、年份等信息，它会直接展现在详情页中，便于消费者对农产品有更多的认知，进而快速决定是否购买。商家应如实、准确地填写农产品属性，这样才有利于农产品在搜索结果页面和推荐页面获得更有利的位置，否则农产品将损失流量，甚至面临下架的风险。

（三）提炼农产品卖点

农产品卖点是指农产品十分突出的特色或亮点。商家在向消费者传递农产品信息时，可突出卖点，达到快速吸引消费者的目的。商家还可以结合消费者的评价信息提炼卖点，突出好评的卖点，反向描述差评的卖点。

案例分析：

江苏省高邮市地处长江中下游北岸的里下河地区，是国家级生态示范市。这样的环境为高邮麻鸭繁衍生息提供了理想的场所，而高邮麻鸭是全国三大优良鸭系之一，高邮湖丰富的水生动植物资源为高邮麻鸭提供了理想的饵料，保证了高邮麻鸭蛋的品质。

高邮咸鸭蛋用高邮麻鸭蛋腌制而成，具有质细而油多的特点，是知名的咸鸭蛋产品。高邮市邮星食品有限公司以高邮麻鸭蛋为原材料，使用传承的手工工艺，在其网店上推出了麻鸭蛋和双黄蛋两个产品系列，并借助其原材料产地——高邮的知名度，打造了"高邮麻鸭蛋富贵流油"和"高邮双黄蛋 好事成双"的卖点，取得了口碑和销量双丰收。

（四）制作农产品主图

农产品主图位于农产品详情页顶部，多张图片轮播展现。它是消费者在搜索结果中首先关注的内容，是影响点击率的第一要素。优质的主图一般遵循"尺寸合适，展示全貌；精简文字，提炼卖点；巧用背景，合理布局；主辅结合，遵从要求"的原则。

（五）设计农产品详情页

农产品详情页是农产品的展示区，具有延长消费者停留时间，提升网店访问深度，提高转化率的作用。它是引导消费者完成购买的关键，应充分考虑消费者关注的信息和浏览习惯，不断完善调整，才能留住消费者，提高转化率。

（六）管理农产品上下架

农产品上下架是指农产品发布后，根据库存数量、信息更新、营销策略、平台规则等实际情况而采取的上架销售、下架停售行为。因为淘宝有 7 天或 14 天的自动重复上下架周期，越接近下架时间，商品排名越靠前，所以商家可以合理运用上下架技巧，实现平台免费流量的最大化效果。而拼多多则有所不同，农产品下架权重会降低，导致排名下降，影响店铺的流量。京东则注重销售数据，上下架对权重和排名的影响有限。

> **素质园地：**
>
> 发布农产品信息时，一定要遵守平台的发布规范，如实描述农产品信息。这样做不仅是讲诚信、做诚信网商的要求，也是维护农产品电商良性发展，推动农产品产业升级，助力乡村振兴的要求。

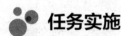

任务实施

发布农产品网店信息

任务目的：

通过在淘宝、京东、拼多多或模拟平台中开设店铺，发布农产品，体验发布农产品网店信息的全过程，强化数字经济运用能力。

任务流程及内容：

步骤1：请结合"知识储备"中关于农产品网店信息发布的内容，选择平台入驻并填写表4-1-1。

表4-1-1　平台入驻信息表

序号	项目	内容
1	平台名称	
2	店铺类型	
3	资费标准	

步骤2：完善表4-1-2所示的农产品店铺信息表，并试着制作店铺标志。

表4-1-2 农产品店铺信息表

序号	项目	内容
1	店铺名称	
2	店铺介绍	
3	经营地址	

步骤3：选择一款比较熟悉或感兴趣的农产品发布到店铺内，填写表4-1-3，然后试着制作农产品主图、详情页并将该农产品上架。

表4-1-3 农产品基本信息表

序号	项目	内容
1	标题	
2	属性	
3	卖点	

任务思考：

选择要发布的农产品时，仅凭对其比较熟悉或感兴趣就行吗？

任务二 农产品网店标题优化

知识储备

农产品标题，是指描述农产品的简短语句，它是消费者以自然搜索方式找到农产品的重要途径。一个优秀的农产品标题不仅会向消费者介绍农产品的特征，传达农产品的有效信息，还会尽可能多地包含高相关性的关键词，以提高农产品的搜索量和浏览量，进而带动销量。

一、农产品标题的基本构成

农产品标题由关键词组成，关键词主要包括核心词、类目词、属性词及长尾词四种类型。核心词是指与农产品有紧密联系的、能精准表达农产品的关键词，一般指农产品的名称，搜索量非常大，但竞争激烈。类目词是指农产品所在的类目，如大米属于食品类目。属性词则是描述农产品参数、特征的词语，如百花蜜、椴树蜜里面的"百花""椴树"就是蜂蜜的属性词。长尾词是指农产品的非核心关键词，但与核心关键词相关，是可以带来搜索流量的组合型关键词，一般由两个或两个以上的词语组成，如"天然野生农家自产"。各电商平台对标题的字符数都有一定的要求，一般允许输入60个字符，即30个汉字，商家在优化农产品标题时可以查看各平台的说明。

二、农产品标题的撰写技巧

（一）挖掘关键词

挖掘关键词的途径有很多，商家在淘宝可使用生意参谋、直通车等工具进行选词；在拼多多可使用商家后台的搜索词排行榜进行选词；在京东可以使用京东快车、商智选词等。商家也可以通过阿里指数、京准通数据中心等平台专属的数据分析工具进行选词。此外，还有一种非常简便、快捷的方法，就是通过平台搜索引擎的下拉框进行选词。在搜索引擎搜索框中输入农产品关键词，其下拉框会有 10 个左右与关键词相应的关联词出现，这些词是平台搜索系统自动推荐的、近期搜索量比较大的关键词，商家可以在优化标题的时候参考使用。但要注意，不同平台通过搜索引擎下拉框得到的关键词区别很大，商家在寻找关键词的时候，要基于平台，同样的农产品在不同平台发布，标题选词也要有所区别。

（二）组合关键词

由于标题有字数限制，不能将所有词都放到标题里，这时候就需要进行筛选和组合。商家可以在后台"搜索查询词"和"行业热搜词"中查找流量比较大的词，建立好词库并进行筛选，把与品牌、人群、属性不相关和人气太低的词删除，留下来的词就是店铺要进行组合的词。

知识链接：

知识拓展

关键词的筛选与组合缺一不可，筛选出的关键词不能简单地按语言逻辑排序，可针对在售农产品的生命周期采用不同的组合技巧。

三、农产品标题的优化原则

优化标题要考虑到诸多因素，包括店铺当前的实际状况，类目的实际状况，是否处于大促活动时期等。通常情况下，优化农产品标题需要注意以下原则。

（一）相关性

1. 所有关键词保持高度相关性

这一点是保证流量的精准性，进而保证转化率的关键要素。不相关的关键词不要用，更不能用别人的品牌，否则不仅违规，而且会降低转化率，同时影响搜索引擎的判断，进而影响店铺的综合数据。

2. 标题要与主图、详情页相关

这种相关性是为了提高转化率。例如，消费者搜索"流油咸鸭蛋"，那么当其看到主图有流油效果的时候，就愿意点击进来，然后看到详情页也在突出"流油"的时候，就更容易下单购买。标题与主图、详情页是相辅相成的，在为标题选词的时候，不能孤立地进行。

（二）适用性

1. 标题适用于搜索引擎和消费者

标题既提供给消费者浏览，也提供给搜索引擎进行检索。很多商家在写标题的时候，首要原则就是获取更多的搜索展现机会。同时，商家要关注消费者的阅读体验，即当消费者读完标题，能够清晰地知道店铺卖的是什么，农产品的重要属性是什么。另外，标题还承担着促进点击的作用。商家在标题中可以放一些功效词或者营销词，这些词不一定会有人搜索，但是却能提高标题的点击量，如"零添加"。

知识链接：

营销词是指具有营销性质的关键词，包括描述优惠信息、突出商品卖点、展现品牌信誉等的词汇，如"现摘现发""包邮"等。在挖掘营销词时，除了选择一些常见的热门促销词之外，还可以根据消费者心理及搜索习惯选择关键词，这样更能吸引消费者的注意力。

2．标题适用于当前店铺实际情况

有些新手商家在刚开网店的时候，喜欢在平台上搜索关键词，然后把销量高、跟自己商品相似的标题直接复制，或者打乱顺序使用。需要说明的是，关键词仅给商家提供展现机会，并不能影响店铺的排名位置。在优化标题的时候，要选择最适合当前店铺实际情况的关键词，不能机械照搬。

（三）规范性

标题违规会影响店铺的综合质量分，进而影响自然搜索排名。首先，不要滥用关键词和极限词，不要用别人的品牌词，不要堆砌关键词等。其次，标题一定要符合《中华人民共和国电子商务法》《中华人民共和国广告法》和各平台的规则，否则可能会影响商品的引流能力、发布不了商品、受到平台的处罚等。卖家在撰写标题前，一定要先查看标题词语的使用规范。

素质园地：

虽然在优化农产品标题时能够通过一些技巧在一定程度上提高点击率，增加展现量，但商家在运营过程中一定要实事求是，学会总结分析，以数据为基撰写优质标题，不能无中生有，更不能通过发布夺人眼球的虚假标题夸大宣传。

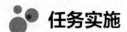 **任务实施**

优化农产品网店标题

任务目的：

根据标题的基本构成和撰写技巧，完成对农产品标题的优化，培养精益求精的精神。

任务流程及内容：

步骤1：结合"知识储备"中标题基本构成的内容，从本项目任务一开设的店铺中选择一款农产品，分解当时初步撰写的标题，填入表4-2-1，分析其存在的问题。

表4-2-1　农产品标题分解表

序号	类型	关键词
1	核心词	
2	类目词	
3	属性词	
4	长尾词	

步骤2：基于步骤1对关键词的分解和分析，挖掘出新关键词，将各类型新旧关键词对比的

内容填入表4-2-2。

表4-2-2　新旧关键词对比表

序号	旧关键词	新关键词
1		
2		
3		
4		

步骤 3：将新关键词按照组合公式，形成新的农产品标题，填入表 4-2-3，可以按照新品、成长型产品、成熟型产品分别组合新的标题。

表4-2-3　新旧农产品标题对比表

序号	旧标题	新标题
1		
2		
3		

任务思考：

农产品标题优化能带来哪些好处？

任务三　农产品网店主图优化

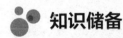 **知识储备**

消费者访问网店有被动式访问和主动式访问两种形式。被动式访问的消费者通常没有明确的购物目标，他们大多对网店投放的广告产生了兴趣或者被激发了消费需求，从而进入网店中。主动式访问的消费者则有着明确的购物需求，他们会直接在购物平台上搜索农产品的关键词或类目，然后在搜索列表中点击与心目中的农产品契合度最高的链接进入店铺。无论是被动式访问还是主动式访问，首先映入消费者眼帘的就是农产品主图。农产品主图是影响点击率的第一要素。

一、农产品主图的展现位置和作用

（一）农产品主图的展现位置

农产品主图的展现位置主要有两个，一个是搜索结果页面，另一个是农产品详情页面。搜索结果页面是消费者通过关键词搜索而显示的页面，此处仅能显示一张农产品主图，这张图片也被称为首图，其他主图可以称为辅图。消费者通过点击搜索结果页面的主图进入农产品详情页，这里会以轮播的方式展示农产品的多张主图。

（二）农产品主图的作用

在各平台中，农产品主图的作用是非常大的，图 4-3-1 所示为主图优化效果前后对比，左图没有体现出卖点，若价格没有吸引力，消费者很容易忽略该主图；而右图经过场景化的表现方法，展示出新鲜、健康、安全的效果，会使消费者产生进一步点击查看的欲望。

图4-3-1　主图优化效果对比

> **知识链接：**
> 淘宝、京东、拼多多三家平台对主图的形状、尺寸、数量和内容的要求有一定的差别。

知识拓展

二、农产品主图的优化要求

农产品主图的优化要求是展示全貌、代入场景、拼接展现和突出卖点。

（一）展示全貌

利用纯色背景展示农产品的全貌是主图常规的设计形式。图 4-3-2 所示为农产品白底图，大多数平台都要求至少有一张白底图。这种设计的优点是干净、简洁，可以让消费者快速了解农产品的外观属性。其缺点是没有特色，体现不出卖点，一般为辅图，主要用于配合平台规则。

图4-3-2　农产品白底图

（二）代入场景

主图的另一种常规设计形式是通过模特或场景展示农产品。根据农产品的特点搭建并展示生活化、场景化的环境，这种设计的优点是可以让消费者直观地感受农产品的各种效果，产生心理上的代入感，并且间接向消费者传达农产品的适用人群和档次。

（三）拼接展现

拼接主图如图 4-3-3 所示，它将多张农产品图片拼合成一张农产品主图。这种设计的优点是信息丰富，不但可以同时显示农产品的外观和实际细节，还可以让消费者对农产品的可选规格一目了然。其缺点是众多图片放在一起，农产品特征不够明显。

图4-3-3　拼接主图

（四）突出卖点

农产品卖点既可以是价格、品种、等级、口感等，也可以是产地，如水果萝卜突出"原产地现拔现发"。有些商家会在农产品主图的一角放置品牌的标志，这种方式可以有效地让消费者识别品牌，唤醒老客户的消费记忆，吸引新客户的关注。农产品主图还可以适度添加农产品的核心卖点或者打折促销文案，这些信息对于消费者来说具有极大的吸引力。

三、农产品主图的优化原则

（一）投射效应

主图中的模特会产生一种投射效应，消费者会不自觉地把自己想象成图片中的人物，体验画面中的场景，当消费者的心理状态和预期状态与图片中塑造的人物原型相吻合的时候，这种投射效应会达到最大化。在找模特拍照或进行场景塑造的时候，首先要针对消费者的状态设定原型。

（二）风格统一

店铺主图要与店铺主题相一致，图片所表达的含义也要与农产品风格相一致。商家可以把主图设计成统一风格的，具有同样色调或者模板的图片；还可以把主图作为店铺的一种宣传形象，融入品牌文化及价值元素。

（三）简洁凝练

在表现一件农产品的时候，可以把想要讲的话、想要表达的主题用最简短的语言表现出来。消费者很难接收长篇累牍，也比较抵触交织着复杂内容的画面，却比较容易关注简洁凝练的主图。

四、农产品主图的优化技巧

优质的农产品主图可以提高点击率，从而达到引流的目的。消费者在浏览农产品主图时的速度一般比较快，如何让农产品主图在搜索页面中脱颖而出并吸引消费者的眼球是农产品主图优化的关键，其优化技巧包括以下四个方面。

（一）卖点清晰有创意

卖点清晰是指消费者用眼睛扫过农产品主图就能快速明白农产品的优势和特色。农产品主图的卖点不需要多，但要直击要点，以直接的方式打动消费者。许多农产品的卖点都是大同小异的，这时创新、优化卖点就会成为赢得消费者注意力的关键。例如用田间地头劳作的农人做模特展示农产品，这比直接摆放农产品更能勾起消费者的购买欲。

（二）农产品的大小适中

主图内的农产品过大容易比例失真，造成消费者的疑虑；过小不利于表达细节，无法突出农产品的主体地位。而大小适中的农产品比例，能增加消费者浏览主图时的视觉舒适感，提高点击率。通常可以在主图内设置参照物，例如餐具、包装等，这样消费者能观察到农产品的外形特征，提高消费者浏览的直观度。

（三）宜简不宜繁

主图传达的信息越简单、明确，就越容易被消费者接收。如果主图内农产品放置杂乱、数量多、文案信息多、水印夸张等，就会阻碍信息的传达。一般情况下，农产品描述文案越多，农产品本身就越不突出；主图整体越不清楚，消费者停留的时间就越短。

（四）丰富细节

主图中的辅图可以通过放大细节提高点击率，也可以在辅图上添加除标题文本外的补充文本，如农产品特色等商家想要表达的内容，用以丰富主图的细节。

> 素质园地：
>
> 农产品主图的优化是为店铺运营服务的，在设计美感和创意方面必然会有一定的取舍，但在优化的过程中也要符合大众审美情趣，努力做到商业性与艺术性的平衡，抵制低俗丑化、夸张虚构、抄袭盗用的行为。

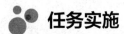 **任务实施**

优化农产品网店主图

任务目的：

根据主图的优化要求、原则和技巧，完成对农产品主图的优化，培养正确的审美观念和创新精神。

任务流程及内容：

步骤1：结合"知识储备"中的内容，把本项目任务二中优化过标题的农产品找出来，分析其初始上传的多张主图可能存在的问题，填入表4-3-1。

表4-3-1　主图问题分析表

序号	主图	存在问题
1	主图1	
2	主图2	
3	主图3	
……		

步骤2：基于步骤1对旧主图问题的分析，找出优化方案，填入表4-3-2。

表4-3-2　主图优化方案统计表

序号	主图	优化方案
1	主图1	
2	主图2	
3	主图3	
……		

步骤3：将新主图效果与旧主图效果进行对比，填入表4-3-3。

表4-3-3　新旧农产品主图效果对比表

序号	旧主图效果	新主图效果
1		
2		
3		

任务思考：

运用农产品主图的优化技巧能实现哪些效果？

任务四　农产品网店详情页优化

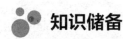 **知识储备**

　　详情页是农产品的展示区，是网店中最容易与消费者产生共鸣的地方之一。一个优质的详情页可以提升消费者浏览深度，激发消费者的购买欲望，促使消费者下单。因此，农产品详情页的设计优化要在实用、美观的基础上，将店铺想传达的信息尽可能直观地展现出来。

一、农产品详情页的构成要素

　　一般来说，农产品详情页的构成要素主要包括图片、视频、参数信息、详情描述四个部分。

（一）农产品图片

　　根据农产品图片的不同作用，通常将其细分为主图、细节图和营销图。主图要结合农产品的卖点，注重差异化设计。细节图和营销图的作用是打消消费者的疑虑，提升转化率，对主图进行补充说明，带给消费者安全感和利益刺激。

（二）农产品视频

　　详情页的农产品视频分为主图视频和详情页视频。主图视频一般用于宣传产品。详情页视频可以是产品细节展示、卖点介绍或者产品使用方法介绍等。

（三）农产品参数信息

　　农产品参数信息包括农产品价格、颜色、产地、等级、品种等。农产品参数信息是店铺详情页中必须包含的重要信息，是消费者对农产品全面了解的重要指标。农产品参数可以在后台设置中填写，也可以根据装修模板，在详情页中对重要参数进行突出展示。

（四）农产品详情描述

农产品详情描述就是在农产品详情页中通过图片、文字等形式描述农产品的功能和特性。农产品详情描述的作用是向消费者介绍农产品，其设计的好坏，直接影响单品销售额或店铺转化率的高低，并影响关联农产品的销售额。

> **素质园地：**
>
> 农产品详情页的优化集合了图片处理、文案编写、页面排版、视觉识别、营销推广等多项内容，涉及技术、创意和商业活动的灵活运用，是对运营人员的综合考验，也是体现电商人工匠精神的有力载体。

二、农产品详情页的作用

农产品详情页可以延长停留时间、提升店铺访问深度和提高转化率。

（一）延长停留时间

农产品详情页如果图片美观、文案细致、店铺特色鲜明、图片响应速度快，就可以延长消费者的停留时间。

（二）提升店铺访问深度

店铺访问深度是衡量店铺是否足够吸引消费者，能否促使消费者下单的重要指标。在农产品详情页中合理搭配好关联销售产品，是提升店铺访问深度的重要方法之一。

（三）提高转化率

消费者在网购时，只能依靠卖家展示的农产品图片和已购消费者的评价来猜测农产品的质量，然后决定是否购买。因此，优化农产品详情页，能够激发消费者的购买欲望，进一步提高农产品转化率。

三、农产品详情页的设计逻辑

农产品详情页的设计逻辑是先展示农产品，再描述农产品卖点，给消费者提供一定的实惠，让消费者心动，然后通过品牌和服务树立信任，最后达成交易。除此以外，还有按照消费者的购物心理，挑选合适的详情描述模块引起消费者兴趣、激发消费者需求、促成消费者下单的设计逻辑，以及按照提出问题、解决问题的顺序的问题导向设计逻辑等。

四、农产品详情页的框架和优化内容

详情页是对农产品的核心卖点、品牌信息、服务体系、用户评价等信息进行分类重组、有序排列的结果。在优化农产品详情页时，应该充分考虑消费者关注的信息和浏览习惯，以达到提高转化率的目的。

> **知识链接：**
>
> 农产品详情页所包含的元素非常丰富，并不是简单的图片堆积，而是每个元素都有明确的作用，在优化时要有针对性。
>
>
> 知识拓展

一般而言，移动端农产品详情页的构成包括顶部快捷导航标题区、核心内容区和底部操作区。核心内容区又分成三部分，其中农产品区从整体上让消费者了解农产品情况；图文详情区包括卖家推荐、优惠券、店铺活动、农产品图文介绍和推荐类列表，用来充分展示农产品的各种特质，让消费者产生购买冲动；评价区代表农产品及商家的口碑，这对消费者购买决策有相当大的影响。

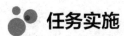 **任务实施**

优化农产品网店详情页

任务目的：

根据详情页的构成要素和设计逻辑，完成对农产品详情页的优化，提升综合运用与逻辑布局能力。

任务流程及内容：

步骤1：结合"知识储备"中的内容，把本项目任务三中优化过主图的农产品找出来，分析其原始详情页中除视频外的构成要素可能存在的问题，填入表4-4-1。

表4-4-1 详情页问题分析表

序号	构成要素	存在问题
1	农产品图片	
2	农产品参数信息	
3	农产品详情描述	

步骤2：基于步骤1的分析，找出优化方案，填入表4-4-2。

表4-4-2 详情页优化方案统计表

序号	构成要素	优化方案
1	农产品图片	
2	农产品参数信息	
3	农产品详情描述	

步骤3：将新旧农产品详情页的效果进行对比，填入表4-4-3。

表4-4-3 新旧农产品详情页效果对比表

序号	旧详情页效果	新详情页效果
1		
2		
3		

任务思考：

如果按问题导向设计逻辑优化详情页，该怎么做？

任务五　农产品网店信息流推广

知识储备

信息流推广是以文字链接、图片、短视频等形式夹杂在用户浏览的信息中，与所处的环境贴合的一种营销推广方式，被认为是最不像广告的广告。经过用户授权后，平台可以获取用户的行为数据及兴趣数据，再基于大数据算法，将店铺的推广内容与用户的兴趣和需求进行匹配，然后有针对性地将推广信息推送给用户。

一、农产品信息流推广基础

（一）农产品信息流推广的特点

农产品信息流推广具有算法推荐、原生体验、互动性强三个主要特点。

1. 算法推荐

农产品信息流推广通过大数据描绘多维度用户画像，通过人群标签精准定位受众，在合适的时间、合适的场景把合适的广告推送给合适的用户。

2. 原生体验

推广信息与内容融合在一起，用户操作和阅读时无强行植入，能够实现商业和用户体验的良好平衡。

3. 互动性强

用户可以参与互动，根据平台的特性自发进行多维传播，持续影响潜在受众。

（二）农产品信息流推广的人群定向

信息流推广的核心是个性化推荐，而个性化推荐的前提是人群定向。人群定向是指根据用户的生活习惯、行为、兴趣爱好等信息而抽象出来的标签化用户模型。人群定向标签化如图4-5-1所示，而标签是通过对用户信息分析而来的高度精练的特征标志。通过打标签，可以利用一些高度概括、容易理解的特征描述用户，方便平台处理。

图4-5-1　人群定向标签化

人群定向方式可以分为以下三类。

1. 基础定向

基础定向是根据用户的性别、年龄、地域等基础信息进行定向的过程。基础定向的核心因素是"场景"和"职业"。根据用户的使用商品的场景和职业，确定用户的收入能力等信息，再通过地区、设备、时段等信息辅助定向，最大限度地保证投放的精准性。

2. 行为定向

行为定向是通过数据分析对用户行为进行分类筛选的过程。行为定向可以基于用户搜索的关键词，通过意图标签进行定向；也可以基于用户的社交行为，通过互动点赞、转发、评论等数据进行定向；还可以基于用户的浏览行为、购买行为等数据进行定向。

3. 兴趣定向

兴趣定向是基于用户兴趣标签进行的更进一步的定向。它是信息流推广投放过程中最重要、最具信息流特点的方式。根据平台访客的不同标签，汇集成不同的兴趣爱好，作为信息流推广选择人群的重要手段。

> **知识链接：**
>
> 兴趣定向的分类有两种。一种是核心兴趣，是用户在选择个人兴趣时必选的一项。针对后台兴趣分类，网店可以找到最符合自身行业的相同分类。以美食为例，可以在后台选择螺蛳粉、香肠等最符合目标用户的兴趣。另一种是人群兴趣，根据人群画像的不同，按照不同的受众，网店可选择与访客适配的多种相关兴趣。以盆栽为例，除了选择盆栽兴趣外，还可以选择摆件、仿真花卉等其他用户同样感兴趣的分类。

在人群定向方式中，基础定向偏向泛人群，兴趣定向偏向目标人群，而行为定向偏向精准效果。在以推广效果为主的情况下，一般对"基础＋兴趣""基础＋行为"等多种交叉定向组合进行测试。

二、农产品信息流推广的竞价机制

从竞价方式看，信息流推广一般采用实时竞价。这是一种利用第三方技术在数以百万计的网站上，针对每一个用户展示行为进行评估及出价的竞价技术。平台每展现一次，系统就要在很短时间内完成推广信息的竞价排名，决定展示的具体推广信息。简单来说，就是把每一个用户每一次的页面浏览进行拍卖，实现推广信息的智能化、精准化、实时化投放。其具体过程可以分解为以下六个步骤。

第一步，用户访问平台，浏览信息。

第二步，平台收集用户兴趣等信息，并将其发送给推广交易平台。

第三步，推广交易平台向多家需求方平台发送竞价请求，组织竞价。

第四步，需求方平台发送竞价响应给推广交易平台。

第五步，推广交易平台开展竞拍。

第六步，推广交易平台将赢得竞拍的推广信息展现给用户。

三、农产品信息流推广的架构

农产品信息流推广的架构依次为展示面、跳转面、交互面与数据面。数据面是信息流平台上最具价值的，决定了其他三个层面的"千人千面"效果。

（一）展示面

展示面是页面中"不起眼"的链接，但要在标题、图片与文字简介等内容上符合用户的精准需求。京东在微信朋友圈投放的水果推广如图 4-5-2 所示，这个推广一般只会出现在对这种水果感兴趣的用户的朋友圈里。

图4-5-2　京东在微信朋友圈投放的水果推广

（二）跳转面

当用户触发信息流展示面之后，就会进入跳转面，该页面能让用户在视觉刺激与信息获取上形成平衡，促使用户进行下一个触发动作。因为用户在展示面所看到的内容有限，所以商家需要在跳转面让用户获取更多的信息，该信息的获取就体现了信息流产品的核心竞争力"千人千面"，不同的用户从展示面进入的跳转面是不同的。

（三）交互面

展示面和跳转面决定用户所要了解的信息，交互面则考虑用户的操作习惯。用户一般不会在移动设备上进行复杂的操作，大部分移动应用都选择让用户通过关联账户免注册登录，如图 4-5-3 所示。因为京东与腾讯是合作关系，所以京东不需要用户登录就可以直接调用微信支付以方便用户完成交易。

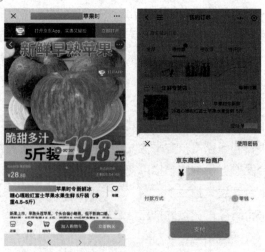

图4-5-3　关联账户免注册登录进行支付交易

（四）数据面

信息流推广最核心的是数据面。数据面扮演着整个信息流产品云端指挥部的角色，每一位用户在任何一个信息流推广上的操作行为，如停留时间、收藏、分享、是否感兴趣、是否主动订阅等都在数据面得到汇总、分类与归因分析。通过大数据分析，数据面能够动态解决问题并发出指令，让任何一位来自不同终端的用户能够看到完全不同的内容，并且引导用户在每一个展示面、跳转面、交互面的深度行为。

案例分析：

"巧妇9妹"的头条号发布了一条微头条，告诉大家近期摘果和即将停售的情况，配上几张摘果和称重的照片。这条微头条发出去后，"巧妇9妹"头条小店里的沃柑，一天直接卖出去3500多公斤。这些沃柑从广西灵山县的乡村，寄送到全国各地的粉丝手上。

凭借每天更新的短视频，以及自己和村民们自产自销的特色水果，"巧妇9妹"一个月的电商销售额能达到150万元，最高时突破了200万元。除此之外，与今日头条和西瓜视频签约后，"巧妇9妹""流量+直播"收益每月有50万元左右，年收入预计达到千万元。

素质园地：

信息流推广是基于对用户的网络行为数据及浏览、搜索兴趣数据进行深度分析而开展的一种精准营销活动，在实现"投其所好""千人千面"的同时，也必然易涉及用户隐私。商家在进行信息流推广时，应加强诚信意识、法律意识和道德意识，合理合法地开展推广活动。

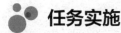

任务实施

农产品网店信息流推广

任务目的：

设计一个在"双11"期间向在校学生销售更多水果的农产品信息流推广方案，在这一过程中提升数据提炼与分析能力。

任务流程及内容：

步骤1：结合"知识储备"中关于农产品信息流推广基础的内容，制订一个推广计划，完善表4-5-1。

表4-5-1　推广计划分析表

序号	构成要素	内容
1	推广目的	
2	定向人群	
3	促销活动	

步骤2：分析步骤1推广计划中的定向人群，在表4-5-2中填入想要精准投放信息流广告的受众特征。

表4-5-2　推广组分析表

序号	受众定向	受众特征
1	基础定向	
2	行为定向	
3	兴趣定向	

步骤3：针对步骤2中被精准投放信息流广告的受众人群，设计信息流广告创意，填入表4-5-3。

表4-5-3　推广创意分析表

序号	受众人群	广告创意
1	基础人群	
2	行为人群	
3	兴趣人群	

任务思考：

如果不考虑价格因素，这份农产品信息流推广计划比较合适在哪个平台或社交媒体上实施？

任务六　农产品网店售后服务管理

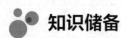 **知识储备**

售后服务是在农产品出售后，店铺通过客服团队所提供的各种服务活动。农产品由于保鲜期短、标准化程度低、运输途中易损耗等，容易产生一些售后问题。良好的售后服务有助于妥善解决农产品网上销售的各种交易纠纷，并给消费者提供一种细致贴心、服务周到的感觉，有利于提升消费者在网上购买农产品的信心，增强其对商家及品牌的好感度。

一、售后服务的知识准备

农产品商家对消费者信息的收集、问题的反馈、建议的整理等都是由售后服务完成的，因此要想解决问题，必须做好前期准备。售后服务团队的客服人员要了解和熟知平台交易规则与店铺活动规则，掌握农产品知识、物流知识，以及适用于不同场景的话术等。

（一）平台交易规则与店铺活动规则

1. 平台交易规则

售后服务团队一方面站在商家的角度遵守平台交易规则；另一方面，当消费者不清楚平台交易规则时，还要指引消费者了解平台交易规则，如关闭交易、申请退款的操作步骤等。此外，售后服务团队还应该掌握并遵守《中华人民共和国电子商务法》。

知识链接：

不同平台有不同的规则中心。淘宝：打开 PC 端淘宝首页，将页面拉到底部，在左侧的"规则与协议"里选择"淘宝规则"即可。京东：打开 PC 端京东首页，在页面顶部的"商家服务"里选择"规则平台"即可。拼多多：打开 PC 端拼多多首页，在导航栏中单击"帮助中心"选项，然后在打开的页面中间位置就能找到"规则中心"。

2. 店铺活动规则

售后服务团队不仅要熟记平台官方的活动规则，而且要对自家店铺活动有足够的了解，如满减、搭配套餐、折扣、红包、店铺 VIP 设置等。一定要清楚各项活动规则，给消费者提供合适的建议，这样才能减少售后纠纷。

（二）农产品知识

1. 农产品的专业知识

售后服务团队应当对经营的农产品的品种、等级、口感、产地等有一定的了解，还应当了解农产品行业的相关知识。

2. 农产品的周边知识

同一类目的农产品可能适合不同的人群。例如对于大米，不同年龄、不同生活习惯的消费者会有不同的需要。此外，对同类的其他农产品也要有基本的了解，这样在回复消费者关于不同农产品差异的时候，就可以更好地回复和解答。

（三）物流知识

除了需要掌握快递公司的联系方式、计价方式和物流速度外，还需要处理物流问题。如包裹撤回、地址更改、状态查询、保价、问题件退回、代收货款、索赔的处理等。

（四）话术

话术是售后服务的基本技能，在处理纠纷时，必须采取"先致谢，后道歉"的话术原则，尽力安抚消费者的怒火，耐心地做出解释。其基本格式为："问候"+"致谢"+"致歉"+"解决方案（或换位解释）"+"欢送语（或表情）"。例如："亲，非常感谢您对我们家的支持！但是非常抱歉哟，由于无法修改价格，为避免增加退款处理时间，耽误发货，我帮您记录下，到货后优惠券的金额会退到您的账户，好吗？"

二、售后服务的内容

售后服务内容一般包含提醒消费者及时收货、定期回访消费者、维护评价、解决交易纠纷等。

（一）提醒消费者及时收货

在货物运输到消费者所在城市并完成配送后，通过短信或聊天软件消息的形式，提醒消费者及时收货，防止货物遗失。

（二）定期回访消费者

定期回访消费者可以确定客户关系的维护情况。常用的回访方式是发短信或平台消息，回访内容可以是告知消费者促销活动信息或邀请消费者参加农产品质量调查等。

（三）维护评价

评价体系是商家信用实力的有力证明，维护评价是售后服务部门日常工作的重要组成部分，特别是对中差评的处理。

（四）解决交易纠纷

解决交易纠纷是售后服务中难度和技巧性较高的工作。常见的交易纠纷一般是质量纠纷，如消费者收货后认为农产品不新鲜、运输途中农产品有损耗、农产品与描述不符，以及物流纠纷等。

三、售后服务的技巧

在农产品的售后服务中，经常会遇到棘手的问题，因此需要掌握一定的技巧。

（一）面对消费者要求补差价时的技巧

农产品会出现降价的情况，降价原因可能是参加了促销活动、节庆日打折活动，或者之前活动力度较小，效果不明显，商家加大了活动力度等。如果同一农产品短期内出现了两种不同的价格，部分高价购买的消费者就可能要求补差价。在处理这一问题时，可先安抚消费者，然后阐述价格下降的原因，最后适当提供优惠或赠送小礼物。此外，也可以设置保价机制避免此类纠纷。

（二）面对消费者要求退货退款时的技巧

退货退款是客服人员经常遇到的棘手问题，只有及时跟进，才能妥善处理。当消费者有退货退款意愿时，客服人员首先应主动且耐心地询问消费者退货退款的原因，然后分析消费者提出的问题是否能够解决。

> **知识链接：**
>
> 网店运营过程中，不可避免地会遇到退货退款的情况。基于农产品的特性，消费者要求退货退款的理由和具体的处理方法大致可分为四种。

知识拓展

（三）维护评价的技巧

对于不同评价的处理技巧如下。

1. 正常好评

消费者在收货后，客服人员对其进行平台信息或电话回访，了解消费者收货和使用情况，反映良好的，鼓励消费者给好评甚至晒图好评；货物稍有瑕疵的，可以给消费者以安慰或补偿，鼓励其给好评。

2. 中评或者差评

对于声称要给中评或差评的消费者，客服人员尽量在消费者评价前与其沟通、进行安抚，协商退款、退货。对于已给出中评或者差评的消费者，客服人员尽量予以抚慰、补偿，在平台规定的协商期内与其协商修改为好评。对于一些过分的中评和差评，客服人员可以进行适当的解释。

3. 恶意差评

对于恶意差评的消费者，客服人员要取证，根据实际情况适时要求平台介入。

（四）消费者回访技巧

进行消费者回访前，客服人员应当充分了解消费者的基本资料，如年龄、所在城市、职业、喜好，以及消费者购买农产品的记录等，做好充分的准备；然后选择合适的回访方式，如电话回访、微信回访、平台消息回访等。客服人员在回访时，首先要注意时间的选择，最好不要选择中午等休息时间；其次一定要保持彬彬有礼、热情大方、不卑不亢的态度，说话语速尽量放慢，语气尽量正式且温和，多让消费者说话，但同时要及时、热情地回应消费者。

回访过程中，客服人员还可以记录重点内容，以便后续分析总结。如果回访时遇到无法及时向消费者解答的疑问，客服人员更应该记录并重点标注，争取制定详细的解决方案，为下一次回访做准备，以赢取消费者的好感。

案例分析：

王海在一家销售水果的网店做客服，有位买家看中了店里售卖的车厘子，但觉得价格有点贵，希望便宜 30 元。经过讨价还价，王海把价格稳住了。买家以 218 元的价格拍下了一箱。没想到买家收到货后发来信息说，车厘子被压坏了一层，要求退货，并且提出邮费应由网店承担。假如同意退货，网店不但要出快递费，还有可能收回一箱坏的车厘子。王海知道店里出售的车厘子在包装时都经过专门的加固和防护，并且与合作的快递企业有特别约定，所以车厘子被压坏的可能性不大。他心想，如果选择让买家拍照，说不定车厘子就真的被压坏了一层。王海也知道这位买家的心理，其实买家只是想通过这样的方式让客服人员减价。于是他和这位买家谈判，说服买家留住车厘子，同意按"打折价"退回 20 元。买家很快就同意了，没有再要求退货，还给了好评，并表扬客服人员负责任。

素质园地：

只有具备强烈的爱岗敬业精神、饱满的工作热情和认真的工作态度，练就善于倾听消费者、了解消费者、与消费者沟通的扎实基本功，修炼良好的心理素质、较强的洞察判断力和自制自控力，才能做好售后服务工作。

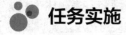 **任务实施**

农产品网店售后服务管理

任务目的：

针对消费者收到网购农产品后感到不满意的情况，完成一次农产品售后服务，熟悉售后服务的全部流程，培养沟通能力和换位思考的服务意识。

任务流程及内容：

步骤1：结合"知识储备"中关于售后服务技巧的内容，从售后客服人员的角度，分别针对表4-6-1列出的问题进行处理。

表4-6-1 售后问题处理表

序号	问题	售后处理方式
1	农产品不新鲜	
2	描述不符	
3	预期过高	
4	货物破损	

步骤2：处理好问题后，消费者进行了评价，针对不同的评价，在表4-6-2中填入相应的维护方法。

表4-6-2 评价维护表

序号	评价类别	维护方法
1	好评	
2	中评或者差评	
3	恶意差评	

步骤3：针对有过购买记录且给予好评的消费者进行回访，将相关信息填入表4-6-3。

表4-6-3 回访统计表

序号	回访要素	内容
1	回访目的	
2	回访方式	
3	回访时间	

任务思考：

需要对给出中评或者差评的消费者进行回访吗？如果需要，应该怎么做？

拓展延伸

农产品网络零售增势较好

2024年中央一号文件明确提出：实施农村电商高质量发展工程，推进县域电商直播基地建设，发展乡村土特产网络销售。根据商务大数据监测，2023年，全国农村网络零售额达2.5万亿元，同比增长12.9%，比2014年增长近13倍；全国农产品网络零售额达5870.3亿元，同比增长12.5%，约是2014年的5倍。

2024年1月至2月，全国农产品网络零售额实现1653.95亿元，同比增长10.59%。"地标农产品"成为销售主力军。随着即时零售新业态加持，半日达、次日达"新鲜"送到家，土特产配送更显便捷、高效。农村电商在助力全面推进乡村振兴中发挥了积极作用。

近年来，各电商平台也积极开展形式多样的帮扶行动，深入田间地头帮助农户销售特色农产品，切实履行社会责任。其中，阿里巴巴曾在中国农民丰收节上线1000余个县域60多万款特色农产品，又在"双11"期间发起"农货多一件"倡议。京东打造了"京东农特产购物节"，通过线下活动、线上直播等形式助力乡村振兴成果展示。抖音电商在中国农民丰收节中重点扶持约2万农产品商家，助力超10万款农特产品出村进城。拼多多的"多多丰收馆"全面覆盖全国主要农产区，辐射 30 万商家、超 50 万款农副产品。

🔒 "三农"创业故事

　　她将六堡茶传统技艺编辑成教材，带领青年组员进行科技攻关、新品研发，支撑茶艺的传承与传播。她守正出新，不忘初心，反哺家乡，带动当地茶农增收致富，践行乡村振兴。她就是本次要分享的"三农"创业故事主人公石濡菲。请扫码观看。

"三农"创业
学思践悟

🎒 项目评价

序号	技能点评价（根据能力目标）	个人自评	组内评价	教师评价
		A.未达标	B.达标	C.精通
1	能够开设农产品网店并发布农产品信息			
2	能够合理挖掘和组合关键词			
3	能够制作农产品主图和优化详情页			
4	能够开展农产品信息流推广活动			
5	能够运用售后服务技巧解决相关问题			

序号	素质点评价（根据素养目标）	个人自评	组内评价	教师评价
		A.未达标	B.达标	C.精通
1	培养在运营过程中总结分析的习惯			
2	强化数字化思维能力，提升数字经济素养			
3	培养网店运营过程中遵守电子商务相关法律的意识			
4	增强以客户为导向的服务意识			
5	树立协作共进、精益求精的工匠精神			

✒️ 学习笔记

_____

_____

_____

_____

_____

_____

_____

_____

_____

_____

_____

_____

✏ **项目测试**

一、单项选择题

1. 拼多多商家开店的入口是（　　）。

    A. 合作招商   B. 拼多多商家入驻

    C. 商家服务   D. 免费开店

2. 从实际情况看，以下不能设定为店铺标志的是（　　）。

    A. 图形   B. 图片   C. 文字   D. 声音

3. 挖掘标题关键词的途径不包括（　　）。

    A. 钻石展位   B. 生意参谋   C. 直通车   D. 搜索框下拉列表

4. 信息流推广投放过程中最重要的人群定向方式是（　　）。

    A. 性别定向   B. 基础定向   C. 兴趣定向   D. 行为定向

5. 农产品详情页的作用不包括（　　）。

    A. 延长停留时间   B. 提升店铺访问深度

    C. 提高转化率   D. 减少客服工作量

二、多项选择题

1. 农产品标题的优化原则包括（　　）。

    A. 奇特性   B. 相关性   C. 适用性   D. 规范性

2. 农产品主图的优化原则包括（　　）。

    A. 投射效应   B. 风格统一   C. 色彩斑斓   D. 简洁凝练

3. 农产品信息流推广的特点包括（　　）。

    A. 算法推荐   B. 原生体验   C. 互动性强   D. 强行植入

4. 农产品网店售后服务的知识准备包括（　　）。

    A. 平台交易规则与店铺活动规则   B. 农产品知识

    C. 物流知识   D. 话术

三、判断题

1. 京东不支持个人开店。（　　）

2. 店铺名称一经设定不能修改，所以要谨慎对待。（　　）

3. 农产品主图拼接展现的优点是众多图片放在一起，农产品特征更加明显。（　　）

4. 质检报告、资质证书等内容应该放在农产品详情页里。（　　）

5. 店铺访问深度是衡量店铺是否足够吸引消费者的重要指标。（　　）

四、填空题

1. 常见的网店基础信息包括_____、_____、_____、_____等项目。

2. 淘宝有_____天或_____天的自动重复上下架周期。

3. 搜索结果页面能显示_____张农产品主图。

4. 信息流推广的架构依次为_____、_____、_____与_____四个层面。

5. 在处理售后产生的纠纷时，必须采取"先_____，后_____"的话术原则。

农村电商社交媒体运营

学习目标

◎ 知识目标

了解农村电商社交媒体含义。

熟悉农村电商主要社交媒体特点。

掌握农村电商社交媒体营销策略。

熟悉农村电商社交媒体活动效果分析步骤。

◎ 能力目标

能够编辑农村电商公众号推文。

能够组织农村电商社群活动和实现社群变现。

能够撰写微博营销文案。

能够分析农村电商社交媒体活动效果。

◎ 素养目标

具有助农纾困的责任心和使命感。

具备拥抱变化和与时俱进的品质。

培养法律意识，增强知识产权保护意识。

养成以诚立身、以诚待人、用心做事的良好风范。

争做讲原则、懂规则、守纪律的大学生。

思维导图

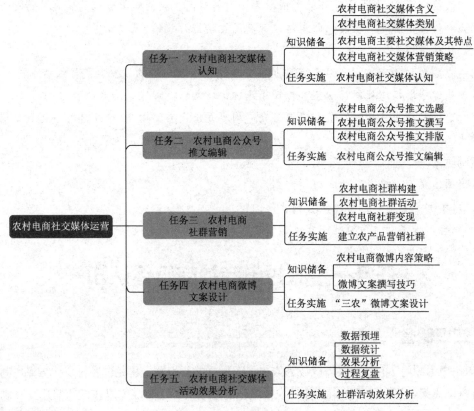

农村电商社交媒体运营

任务一 农村电商社交媒体认知
- 知识储备
  - 农村电商社交媒体含义
  - 农村电商社交媒体类别
  - 农村电商主要社交媒体及其特点
  - 农村电商社交媒体营销策略
- 任务实施　农村电商社交媒体认知

任务二 农村电商公众号推文编辑
- 知识储备
  - 农村电商公众号推文选题
  - 农村电商公众号推文撰写
  - 农村电商公众号推文排版
- 任务实施　农村电商公众号推文编辑

任务三 农村电商社群营销
- 知识储备
  - 农村电商社群构建
  - 农村电商社群活动
  - 农村电商社群变现
- 任务实施　建立农产品营销社群

任务四 农村电商微博文案设计
- 知识储备
  - 农村电商微博内容策略
  - 微博文案撰写技巧
- 任务实施　"三农"微博文案设计

任务五 农村电商社交媒体活动效果分析
- 知识储备
  - 数据预埋
  - 数据统计
  - 效果分析
  - 过程复盘
- 任务实施　社群活动效果分析

引导案例

新媒体矩阵传播发挥农村电商指尖优势

以微信公众号为主要传播方式，通过微信群发送图文和 H5 进行精准传播，平阳农村电商开始布局新媒体矩阵。

一、全渠道覆盖

布局了微信公众号、微博、搜狐、百家号、派代网（现已关闭）、360 图书馆、知乎、豆瓣、趣头条、一点资讯、同花顺、雪球等平台。

二、分类别传播

其中，将微博、头条、搜狐、腾讯等新媒体渠道作为主要阵地，结合知乎、豆瓣等社交平台为互动渠道，再加上通过派代网、雪球等垂直渠道进行信息传播。

三、区域＋电商传播

在全省农村电商运用中，首次构建"区域＋农村电商"传播新方式，以点到面相结合的新格局，坚持读者在哪里、服务就在哪里，受众在哪里、政策传播就在哪里。把农村电商的部署诠释好、传达好、宣传好，让人民群众看到发展的声音，在众说纷纭中听到共同富裕的脚步声。

四、交叉互动

平阳农村电商 20 个渠道矩阵号形成与平阳农村电商视频传播渠道互为犄角的传播方式，围绕平阳农村电商主题、活动、政策解读等交叉互动进行营销。

五、构建宣传合力

围绕主题活动的宣传面，可以实现从引导舆论向引领舆论的转变。除了新媒体融合的矩阵平台，构建了新媒体管理员队伍和传播渠道的记者队伍，形成了强大的合力。

通过这一社交媒体运营策略，微信公众号内容发出之后，由 20 个矩阵号进行日更传播，有效扩大了平阳农村电商的影响力，提升品牌知名度，助力农产品上行。

案例思考：

认真阅读案例，思考并回答以下问题。

1. 本案例是如何打造新媒体营销矩阵的？
2. 结合本地案例，分析社交媒体运营在农村电商中的作用及其优势。

任务一　农村电商社交媒体认知

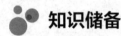 **知识储备**

"以用户为中心"的社交媒体已成为农村电商发展的新引擎，在促进乡村产业振兴、巩固拓展脱贫攻坚成果中起到重要作用。作为农村电商的新模式，社交媒体以较低的信息交互成本、能够提升买卖双方信任度、信息传播及时等优点得到农业生产者、经营者的广泛应用。

一、农村电商社交媒体含义

社交媒体是以用户关系为基础的内容生产与社交平台。用户生成的内容及用户关系是社交媒体与传统媒体的主要区别。

相较传统媒体，社交媒体具有平民性、对话性、匿名性、社交性和共享性等新特点，社交媒体赋予了大众更大的自由表达和传播能力，并在一定程度上改变了基于传统媒体的社会话语权分配结构。在我国，主要的社交媒体包括微信、微博、QQ、百度贴吧、豆瓣、知乎等核心社交平台，以及具有社交属性的新闻网站、视频网站、购物网站、旅游度假网站等网站和应用，总体上呈现出多元化的格局。

农村社交电商是农村商户在新媒体时代，借助社交媒体平台发展并优化的一种农村电子商务模式。该模式继承了传统农村电商的优势，发挥了新媒体的传播效果与流量价值，通过用户分享、点赞、推荐等方式对农产品进行宣传，最终达到销售的目的。

知识链接：

农村社交电商是指依托微博、微信、QQ 等社交网络对商品进行传播、分享，从而诱发消费者的购买欲望，进而产生购买行为的一种电子商务新模式，是一种全新的电商业态。

知识拓展

二、农村电商社交媒体类别

农村电商社交媒体包含即时通信媒体和社交网络媒体两大类别。

1. 即时通信媒体

即时通信媒体，简称 IM（Instant Messaging），指能够通过有线或者无线设备登录互联网，实现用户间文字、语音或者视频等实时沟通的软件，主要有微信、QQ、阿里旺旺等。即时通信媒体作为最基础的互联网社交媒体应用，用户使用率一直处于较高水平。

2. 社交网络媒体

社交网络媒体，简称SNS（Social Networking Site）。用户通过社交网络媒体在网页上发布内容，并且他人可以进行评论和转发。社交网络媒体按照内容分为综合性社交网络媒体和垂直性社交网络媒体。综合性社交网络媒体是指在综合领域以交互性为基础建立人与人之间社会网络或社会关系的平台，如微信朋友圈、QQ空间、微博等。垂直性社交网络媒体是指在特定领域以兴趣互动为基础提供社交关系连接功能的平台，如百度贴吧、豆瓣、知乎、58同城、陌陌等。

三、农村电商主要社交媒体及其特点

农村电商主要社交媒体有微信和微博，其特点如下。

（一）微信

微信是腾讯公司推出的为智能终端提供即时通信服务的免费应用程序。微信分为个人微信和企业微信。其中，个人微信主要用于个人之间在社交、生活等方面更好地进行沟通；企业微信则帮助企业员工更好地开展工作，除了能够与个人微信进行聊天之外，还具有视频会议、企业支付、公费电话、企业邮箱、打卡、审批等企业办公功能。

现在，微信已经成为人们日常生活的一部分，已经从最初的人与人进行信息交流的移动工具、社交平台，演变为连接人、服务、组织和设备的数字生态圈，也是农村电商社交媒体重要工具之一。

微信公众号于 2012 年 8 月正式上线，是基于微信的面向公众传播信息的平台，可为组织或者个人提供便捷的信息获取与发布途径。截至 2023 年 12 月，已经有超过 1000 万个公众号注册并上线。

微信公众号主要分为企业号、服务号、订阅号，其区别如表 5-1-1 所示。

表5-1-1 企业号、服务号、订阅号区别

类别	企业号	服务号	订阅号
面向人群	企业、政府、事业单位等，实现生成管理、写作运营的移动化	企业、政府或组织，用以对用户进行服务	面向媒体和个人提供一种信息传播方式
消息显示方式	出现在好友会话列表首层	出现在好友会话列表首层	折叠在订阅号目录中
消息次数限制	每分钟可群发 200 次	每月主动发消息不超过 4 条	每天群发 1 条
验证关注者身份	通信录成员可关注	任何微信用户扫码即可关注	任何微信用户扫码即可关注
高级接口权限	支持	支持	不支持
定制应用	可根据需要定制应用，多个应用聚合成一个企业号	不支持，新增服务号需重新关注	不支持，新增订阅号需要重新关注

近年来，微信公众号在农业领域的应用越来越频繁，成为宣传和推广农产品、辅助农产品经营的利器，成就了许多知名农产品。例如可以建立与农业相关的微信公众号，定期向农业对象发布文字、图片、音频等，并可以实现互联；还可以通过咨询平台与专家进行沟通，以咨询病虫害防治、农资、种子、农业政策等信息。

（二）微博

2009年8月，新浪微博正式诞生。微博是微型博客的简称，可发布信息，也可关注他人，是实现信息分享、讨论的网络社区。微博以其独特性吸引了大量用户注册，微博营销也成为农业企业、农业经营者等选择的一种社交媒体营销方式。

> **素质园地：**
>
> 新媒介的出现，方便了人们的沟通，也为农村电子商务的发展提供了舞台，当代大学生需要秉承"一懂两爱"初心，与时俱进、拥抱变化，了解自己家乡农业生产者的实际营销需求，帮助其利用新兴社交媒体开展助农上行活动。

四、农村电商社交媒体营销策略

农村电商社交媒体营销策略是一个综合性的方案，旨在通过社交媒体平台提升品牌知名度、促进产品销售和增强用户互动。其包括内容营销策略、互动营销策略、合作与联盟策略及数据分析与优化策略。

（一）内容营销策略

内容营销策略包括创意内容制作、定期更新与发布、优质图片与视频。

1. 创意内容制作

根据目标受众的喜好和需求，制作有趣、有教育意义的内容发布于农村电商社交媒体，如农产品种植故事、烹饪教程等，以吸引用户关注并提升品牌形象。

2. 定期更新与发布

保持社交媒体账号的活跃度，在农村电商社交媒体上定期发布农村电商相关内容，确保用户能够持续关注并了解品牌动态。

3. 优质图片与视频

利用高质量的图片和视频展示农村电商产品的新鲜度和品质，提升用户的购买欲望。

（二）互动营销策略

互动营销策略主要包括社交媒体的活动组织、问答与回复、用户生成内容。

1. 活动组织

通过农村电商社交媒体组织线上活动，如抽奖、优惠券发放等，鼓励用户参与并分享活动，扩大影响力。

2. 问答与回复

通过农村电商社交媒体及时回复用户的评论和问题，与用户建立良好的互动关系，提高用户满意度。

3. 用户生成内容

通过农村电商社交媒体鼓励用户分享自己的购物体验、烹饪成果等，增加曝光度和口碑传播。

（三）合作与联盟策略

合作与联盟策略主要包括意见领袖合作、跨平台合作、地方政府支持。

1. 意见领袖合作

农村电商社交媒体通过与具有影响力的意见领袖（Key Opinion Leader，KOL）合作，通过他们推广品牌和产品，扩大目标受众范围。

2. 跨平台合作

农村电商社交媒体通过与其他电商平台或社交媒体平台合作，共享资源，提升品牌曝光度。

3. 地方政府支持

农村电商社交媒体通过争取地方政府的支持和合作，参与政府组织的电商活动，提升品牌形象和知名度。

（四）数据分析与优化策略

数据分析与优化策略包括数据分析和策略调整。

1. 数据分析

利用社交媒体平台提供的数据分析工具，了解用户行为、兴趣偏好等信息，为营销策略的制定提供依据。

2. 策略调整

根据数据分析结果，及时调整营销策略，优化内容制作和发布方式，提升营销效果。

案例分析：

某社交电商平台以 24 小时销售 298329.5 公斤土豆的成绩，成功创造中国首个扶贫助农的吉尼斯世界纪录称号。一时间，有关社交电商带货能力的话题，再次引发广泛关注。

知识拓展

 任务实施

农村电商社交媒体认知

任务目的：

调研 3 种以上农村电商社交媒体，整理不同类型的农村电商社交媒体的使用特点，通过对比分析使用特点和应用场景，了解社交媒体在农村电商中的应用价值。

任务流程及内容：

步骤1：结合"知识储备"中关于农村电商社交媒体及其特点的介绍，收集不同类型的农村电商社交媒体，对比分析其使用特点，填写表5-1-2。

表5-1-2 农村电商社交媒体使用特点汇总表

序号	农村电商社交媒体名称	使用特点
1		
2		
3		

步骤2：结合步骤1，分析不同类型的社交媒体在农村电商中的应用场景，填写表5-1-3。

表5-1-3 农村电商社交媒体应用场景汇总表

序号	农村电商社交媒体名称	应用场景
1		
2		
3		

步骤3：结合"数商兴农"背景下农产品上行要求，收集社交媒体在农村电商中的应用案例，分析其成功做法，总结农村电商社交媒体的应用价值，填写表5-1-4。

表5-1-4 农村电商社交媒体应用价值

序号	案例名称	成功做法	社交媒体应用价值
1			
2			
3			

任务思考：

社交媒体在农村电商中可以如何帮助人们实现对美好生活的向往？

任务二 农村电商公众号推文编辑

知识储备

建立农村电商公众号，可以宣传推广农业、农村、农产品，加强与用户的互动和沟通。农村电商公众号的运营离不开丰富、有价值的内容。高质量推文能吸引用户关注，形成良好口碑，建立用户信任。因此，需制定统一的推文编辑规范，包括选题、撰写、排版等，并经过严格校对，确保以合适方式呈现给用户。

一、农村电商公众号推文选题

农村电商公众号运营中，最重要的就是推文选题，选题需紧扣公众号的运营方向。农村电商公众号运营方向包括农村政策解读、农村经济发展、农业产业介绍、农村电商活动、农村文化宣传、农村消费和旅游指南等，以向用户传递有价值的信息为内容创建方向，从而实现营销目的。

（一）农村电商公众号选题

农村电商公众号选题包括常规选题、热点话题、系列专题三个方面。

1. 常规选题

常规选题来源于日积月累、借鉴"爆文"、对标同行、节假日时机等。可建立选题库，做好日积月累；可借鉴网络"爆文"，拆解、学习其写法；可关注同行，观察其内容方向、标题、文案等，方便找到灵感，同时也容易形成差异化；也可结合节假日话题，容易引起共鸣。其主要目的是对现代农业经营主体、农产品品牌、农产品等进行日常宣传和形象维护。

2. 热点话题

热点话题是人们关注的焦点，例如与农村电商相关的新闻热点、微博话题等都可以成为内容创作的素材。将热点话题与宣传主体结合起来，有效提高文章点击量和阅读量，从而增加现代农业经营主体、农产品品牌、农产品等影响力。

3. 系列专题

系列专题是指将公众号文章以系列专栏形式发布，更容易建立自己账号的特色和受到粉丝的持续关注。例如，"甘肃商务"微信公众号以"赏美食 品甘味 逛金城 系列主题活动邀您嗨乐畅游兰州"为题连续推出了四篇兰州美食推荐相关推文。

（二）农村电商公众号推文标题

俗话说"题好一半文"，好的标题是公众号推文传播的重要前提，一般具有以下特点。

1. 抓住粉丝痛点

把粉丝最关心的要点体现在内容标题上。例如"日食记"公众号的粉丝人群以"90后"女性居多，主要集中在华南地区，其次是江苏、浙江等。其经济独立，对生活品质需求高，有较强的消费欲望。但痛点为：工作压力较大，渴望治愈系生活与美好事物。因此，"日食记"的推文标题紧扣需求痛点，引起粉丝关注，如"天价葡萄实测，这钱花得值不值？"3 天阅读量突破 10 万次。

2. 体现生活场景

标题越贴近生活场景，就越容易让用户"对号入座"，引起用户的关注。例如上班通勤、做饭、休闲、聚会、旅行等，只要标题体现的是日常场景，那么文章打开率就会大大增加。"日食记"公众号发布的"随手就能凉拌的一些减脂餐，好吃到舔盘还掉秤"推文标题体现了"90后"年轻女性自制减脂餐的生活情景，4 天阅读量突破 10 万次。

3. 激起粉丝欲望

写标题时，可将部分关键点暴露给用户，引起悬念。例如"日食记"公众号发布的推文标题为"又低脂又香，从老到小没有不馋它的"，用户看到后急于了解这是何种产品，就会禁不住打开文章看个究竟；但如果标题为"黑虎虾饼，从老到小没有不馋它的"，就会将推文关键信息暴露无遗，用户也没有了打开推文看内容的兴趣。

4. 提高识别度

知名度一般是指人们都知道的人物或企业，如阿里巴巴、雷军等；而识别度是指人们听到某个名字后就会产生标签印象，如"东方甄选"、俞敏洪等。公众号推文标题一定要有鲜明的识别度，用标签和个性化内容代替传统名人效应。

5. 引起粉丝共鸣

标题如果能让粉丝感同身受，并让粉丝觉得就是自己的缩影或是写给自己的，就能真正俘获粉丝的心。"日食记"公众号发布的文章标题"不爱喝水的你，有救了"，直接戳中了那些"不爱喝水"的年轻奋斗者的心，引发粉丝们纷纷打开文章寻找答案。

二、农村电商公众号推文撰写

农村电商公众号推文撰写主要有以下六个方面的技巧。

（一）内容朴实且贴近乡土

农村电商公众号推文常常以朴实的语言描述农产品的生长环境、种植过程，以及农民的生活状态，使用户能够感受到浓厚的乡土气息。这种贴近乡土的内容不仅能够引起用户的共鸣，还能增加产品的可信度。

（二）强调产品绿色、健康的特点

农村电商公众号推文通常会重点强调农产品绿色、健康的特点，例如无农药残留、纯天然等。这种强调有助于满足用户对健康饮食的追求，提高产品的市场竞争力。

（三）融入地方文化元素

农村电商公众号推文经常融入地方文化元素，如当地的传统习俗、历史故事等。这种融入不仅丰富了推文的内容，还有助于传播地方文化，提升品牌的文化内涵。

（四）注重互动与分享

为了增强与用户的互动，农村电商公众号推文通常会设置一些互动环节，如问答、投票等，鼓励用户参与并分享。这种互动不仅能够提高用户的参与度，还能扩大品牌的传播范围。

（五）定期更新与节日营销

农村电商公众号会定期更新推文内容，保持与用户的互动和沟通。同时，在重要节日或活动期间，公众号会推出相应的营销推文，利用节日氛围进行产品推广，提高销售额。

（六）利用图片和视频展示产品

为了更直观地展示农产品的品质和特点，农村电商公众号推文通常会搭配高质量的图片和视频。这些视觉元素不仅能够吸引用户的注意力，还能提高用户对产品的信任度和购买意愿。

很多公众号因为各种原因难以长期进行原创内容的撰写，所以会转载一些有价值的内容推送给自己的粉丝。需要提醒的是，很多文章内容都是有权限设置的，如果未经允许转载，属于侵权行为。

> **知识链接：**
>
> 常见的公众号侵权行为包括未经作者允许就转载、稍作修改就当成自己的原创、摘取一段文字加感想就当成自己的原创、转载不允许转载的内容、写出作者和来源但不支付稿费。

知识拓展

三、农村电商公众号推文排版

优秀的农村电商公众号推文不仅要有高质量的内容，还要有清晰的排版思路、统一的格

式和排版规范，这样才能使推文具有出众的美感和设计感，吸引
粉丝关注，使阅读过程具有舒适感。例如"蜀乡小农人"公众号
（见图 5-2-1）推文格式统一、排版规范，具有独特的呈现风格。

通常情况下，使用第三方编辑软件排版推文，如 135 编辑器、
秀米、创客贴等。第三方编辑软件集成了很多精美的图片素材和样
式，能够呈现出个性化的文章风格，还拥有一键排版等各种独特功
能，方便高效制作推文。图 5-2-2 所示为 135 编辑器"样式"界面，
该软件可在线编辑，生成图片格式，直接导入微信公众号平台编辑
页面，轻松完成推文排版。

图5-2-1　公众号推文排版

图5-2-2　135编辑器"样式"界面

知识链接：

规范的微信公众号推文编辑排版可以提升用户阅读体验、塑造品牌形象、
给用户心理暗示、便于沟通合作。

素质园地：

农村电商公众号内容运营者需要具有较强的文字功底，具备活跃、有创意的思维，还需
要具备较强的审美和设计能力，在熟悉互联网用户心理及行为特点的同时，善于洞察生活、
设身处地地理解用户。除了以上技巧，还需要了解相关农业农村政策、法律法规，准确把握
政策方向，形成良好的舆论引导。

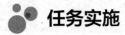 **任务实施**

农村电商公众号推文编辑

任务目的：

通过收集高质量公众号推文案例，分析其选题、撰写及排版规范，根据范文公众号常规文
章格式要求和风格，撰写并编辑完成一篇高质量推文。

任务流程及内容：

步骤1：结合"知识储备"中关于农村电商公众号推文选题、撰写及排版的介绍，收集并整理至少3篇农村电商公众号推文，主要分析其选题类别、标题特点、创作方法、排版格式要求，完善表5-2-1。

表5-2-1　农村电商公众号推文分析表

序号	公众号名称	推文标题	选题类别	标题特点	创作方法	排版格式要求
1						
2						
3						

步骤2：结合步骤1，选择一篇高质量推文作为范文，完善表5-2-2，并撰写推文内容。

表5-2-2　推文撰写大纲

范文标题	推文标题
范文摘要	推文摘要
范文内容关键词	正文内容关键词

步骤 3：根据公众号范文排版风格，运用排版编辑器对推文内容进行排版，将完成的推文贴在下方的空白处。

任务思考：

结合宜居宜业和美丽乡村建设，你认为应该如何通过农村电商公众号推文进行有价值的内容传播？

任务三　农村电商社群营销

知识储备

近年来，在"移动互联网＋"的推动下，社群电商蓬勃兴起。社群营销将相似需求的消费者聚合，形成稳定社群，消费者在社群内分享农村电商产品消费体验，信息快速传播，约束了供应商行为，增强了消费者信任，提高了销售效率，促成局部团购现象。这种批量购买能够降低成本，为消费者带来优惠，同时利于生产者集中发货，降低物流成本。

一、农村电商社群构建

"社群"既是社群营销的基础，也是途径。社群营销最终是为了实现农产品的销售或品牌的推广。想要借助社群实现营销目标，就要构建社群。微信、QQ、微博、抖音……无论借助什么工具建立社群，其方法都不是简单地拉人、加群。以营销为目的的农村电商社群在构建的时候必须具备以下特征。

（一）具有共同的兴趣或特征

共同的兴趣或特征，可以是社群内成员共同拥有的兴趣爱好，或在某些方面具有的共同特征，并且成员有围绕兴趣、共同特征一起行动的意愿，这是社群建立的前提。共同特征涉及不同的领域，如以喜欢吃水果为特征的粉丝群。共同特征还可能是具有相似的成长经历，如老乡群、同学群；相同的地理区位也能成为社群的共同特征，如现实生活中的同城群等。根据不同的兴趣爱好、不同的特征属性，可以构建不同的社群。

（二）搭建清晰的组织结构

基于共同的兴趣或特征建立的"群"很多，但很多"群"并不是"社群"，因为这些"群"并不具备清晰的组织结构。社群是由少数发起者自发抱团而形成的。在这一阶段，成员人数少、积极性高，可以保持较高的活跃度。但随着成员的增加，社群就需要有专门的人员进行运营，并形成有层级的组织结构。成熟的社群具备专门的运营人员，有自己的组织结构，这是影响社群持续运营的重要因素。

（三）确保稳定的价值输出

社群成员加入社群是为了在社群中有所收获，因此社群应当持续为成员提供有价值的信息。这些信息需要围绕共同的兴趣或特征，让成员能够在社群中获得有价值的增量服务。社群还应当鼓励成员分享和生产信息。社群中的成员既是内容的接收者，也是内容的生产者。稳定的价值输出使社群始终对成员有益，这是社群能够不断发展并壮大的重要基础。

（四）进行持续的运营

运营水平的高低会影响社群的持续发展。一个优质的社群应该有成熟的社群文化、完善的社群规则、有效的进退机制、定期的互动活动和价值分享活动。社群内要有话题、有围绕共同特征的优质内容分享、有精彩的线下活动，这些都依靠社群的运营。如果没有对社群进行持续的运营，社群最终会沦为"一潭死水"。

农村电商社群运营包含以下六个方面。

1. 建立群名

社群并不是被创造的，而是基于有共同兴趣或特征的人的关系而创建的一种沟通渠道。因此，建立群名不仅是为了便于查找和记忆，而且是为了定位目标、体现用户价值、营造主题氛围。社群成员需明确使命——"我们为什么聚在一起"。

> **知识链接：**
>
> 农村电商社群不是简单的 QQ 群或微信群，社群在建立以后要有清晰而准确的形象识别系统，最直接的表现就是社群的名称、Logo 和口号。

2. 设置欢迎语

农村电商社群运营人员可以为社群设置贴心的欢迎语，尽量消除新入群者的陌生感和紧张感。例如"欢迎新伙伴进群，为了不打扰各位，请先打开微信设置一下免打扰。""感谢大家的加入，此群是优质水果分享群，以便为大家提供更多的便利与购物选择。希望大家不要在群里发表不当言论，也不要发广告，谢谢合作。""亲亲，欢迎你的到来！这里有很多便宜又优质的农产品，走过路过别错过哦。"

好的欢迎语不仅能够消除新成员的紧张感，还能够让群成员对社群建立信任感和认同感，使社群变得更加活跃。

3. 建立群规则

社群作为一个组织，要有自己的群规则，这样才能促进群成员之间的关系良性友好地发展下去。一个好的社群，从成员入群开始，就已经在进行筛选，什么样的人可以成为他们的社群成员，在入群这道门槛上考虑得越多，规则设定越合理，后期在社群运营上越得心应手。因此，群规则最好在建立群之前就拟定好，并使每位成员在入群前就对群规则有所了解。与此同时，每隔一段时间就要在群中发布一次群内规章制度。这种强调有助于群成员树立严谨的心态，打击违反规则的不良行为，使得整个群体变得更加有序、健康。

例如某家庭农场主运营了一个会员社群，其入群门槛为缴纳会员年费 188 元，符合该规则方可入群获取会员权益。

例如某群公约（或群公告）：严禁群内争吵，语言暴力；严禁违法乱纪，扰乱秩序；严禁出现连续或大量刷屏行为；严禁频繁讨论与本群无关话题（这里需要注意，不能完全禁止群内聊无关话题，易招致群成员反感，可以适当进行善意的提醒）；严禁在群内打广告。

4. 创办群文化

社群文化作为群成员的共同理念或共同追求，可促进群成员共同成长和进步。在移动互联网时代，仅靠共同利益维系社群是不够的，还要让群成员树立共同的理念和追求，只有做到志同道合才能从根本上推动社群发展。

5. 突出实用性

用户要加入一个社群，主要出于实现一定的目的。如果用户进群后没有得到任何有价值的收获，那么就不会在群内待得太久。通常情况下，农村电商社群用户入群的目的就是购买优质农产品。与此同时，现代人生活压力较大，社群存在的意义还包括在一定程度上为用户提供情绪价值。设法满足用户的需求，为其提供实用的购买、互动、游戏、交流等服务，这样的社群才能吸引更多用户的加入，从而壮大起来。

6. 处理无效成员

社群成员动态变化是正常现象，要定期处理无效成员。常见的无效成员包括 3 种：长期潜水，一言不发的成员；经常发言，但发言内容与群主题无关的成员；违反群章制度，经常散播负能量的成员。

无效成员不仅不会给社群带来活力，反而会引导负面舆论。定期将无效成员踢出群，这样才能保证群成员的纯洁度和活跃度，使整个群氛围变得更加舒适健康，进而使群成员轻松愉快地相互交流。

素质园地：

诚实守信是社群营销的基本原则，也是打造属于自身品牌的关键。在开展社群营销过程中，要确保群中信息的真实性，这样才能获得社群成员的信任，进而打造自身品牌，提升农产品的质量，增加农产品的销量。

二、农村电商社群活动

社群活跃度是评估社群质量的关键，交流能加深成员情感，而社群如果随时间沉寂，会影响营销效果。因此，维持活跃度至关重要。举办社群活动是提升社群活跃度的有效方式，线上活动、线下活动均可，能赋予社群持久生命力与活力。

（一）线上活动

1. 线上分享、讨论

线上分享、讨论主要围绕某一个话题在社群内展开讨论，鼓励成员根据话题分享自己的见解、感悟。如果是农村电商垂直领域的分享，还可以邀请专家参与讨论，以此激发成员参与的积极性。

2. 社群福利

社群福利是一种有效的刺激成员的方式，最直接的社群福利是发红包。发红包可以引起成员的注意，用来吸引成员关注活动通知。除此之外，社群福利还有产品优惠券、特色服务、积分奖励、制作排行榜等形式。

3. 社群任务、社群打卡

社群任务和社群打卡经常结合使用，发布任务时同步开启打卡活动。社群运营人员需提前确定打卡形式，统计并公布完成情况。连续打卡达一定天数应奖励，完成度低者则淘汰。打卡期间，社群运营人员需营造良好氛围，鼓励引导成员参与。打卡与任务应相辅相成，促进任务完成，完成后分享总结，激发更多成员参与热情，增强社群归属感。

（二）线下活动

线上活动虽便捷，但线下活动更容易建立深厚情感。社群成熟时，需将活动转至线下，如见面会、分享会等。大型活动可设分会场以降低组织难度。运营人员需控制活动频率，确保参与度。同城社群可增加线下活动的开展次数。线下活动需提前规划，确定场地、时间、主题等，人数较多时可限制参与人数，通过抢票等形式激发成员活跃度。线下活动应精心策划，确保效果，让成员获得成就感与满足感，加强情感连接，提升身份认同感。

三、农村电商社群变现

社群运营一段时间后，往往面临如何变现的问题，社群运营人员必须明确社群是一种方法和手段，实现商业转化才是真正实现了营销目标。农村电商社群主要的变现模式有以下三种。

1. 农产品销售

很多互联网新媒体平台都完成了自己的商业布局，不用跳转，在平台内即可完成消费，为社群提供了良好的农产品销售渠道。例如，微信群可以通过微信小程序完成下单和支付。社群运营最终目标是商业变现，而直接在社群内销售农产品，完成销售转化是社群变现的基本模式。

2. 付费社群

付费社群与线下店铺的付费会员类似，社群成员需缴纳一定的费用才能获得社群权益，只有付费会员才能获取社群服务、参加社群活动、利用社群构建人脉等。缴纳会费金额不同，会员能够享受的社群服务、获取的信息内容也有所差异。社群会依照会费金额的差异，设置不同的会员级别。付费社群是否能实现消费转化，关键在于社群成员是否感觉到社群服务带来的价值超过其所支付的费用。

3. 进入其他社群，以成员身份变现

这种模式适用于没有运营自己的社群且已有目标用户比较集中的社群的情况，如为了销售扶贫农产品，销售员可以进入社区业主群，或者以爱好者的身份进群等，然后积极参加各种分享讨论，和群成员构建信任关系并进行营销。使用这种方式需要注意，销售员加入社群后直接发布广告，很可能会面临禁言、退群的惩罚，因此应首先成为社群中让人信服的成员，然后再逐步开展营销活动。

在实践中，这种模式让运营人员难以参与到社群的运营中，并且会受到已有群规的限制，不利于运营人员开展社群活动。利用已有社群营销的方式，最好销售员与群成员身份重合，此时可采用二维码引流方式，将已有群成员引流到自己的销售群，开展营销活动。

> **案例分析：**
> 知识拓展
>
> 江西省上饶市广丰区特产马家柚"五阶段"微信社群营销模式：一是选择品质好的广丰马家柚，二是"线下"引流积累目标用户，三是微信社群"养客"，四是微信端推送产品信息，五是电话回访或进行微信沟通。

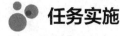 **任务实施**

建立农产品营销社群

任务目的：

选择具有共同特征的目标用户，建立一个营销社群，通过合理有效的社群营销方式，推广销售自己家乡的特产。

任务流程及内容：

步骤1：结合"知识储备"中关于农村电商社群构建的介绍，确定农产品营销社群目标用户，

填写表5-3-1。

表5-3-1　农产品营销社群目标用户分析表

目标用户	共同特征

步骤2：结合步骤1，建立一个目标清晰、明确用户价值、具有氛围感的社群名称，完善表 5-3-2。

表5-3-2　农产品营销社群名称

群使命	群名

步骤3：结合步骤2，编辑亲切、温和，具有信任感的群欢迎语，填写在下方的空白处。

步骤4：建立 5 条及以上合理、实际的群规则，设置群公告，填写在下方的空白处。

步骤 5：结合"知识储备"中关于农村电商社群变现的介绍，选择合理的社群变现模式，填写在下方的空白处。

任务思考：
农村电商社群营销在助力农产品上行中有哪些具体的应用场景？

任务四　农村电商微博文案设计

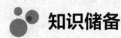 **知识储备**

微博以其独特性吸引了大量用户，成为"三农"内容传播的重要平台。通过注册账号、发

布信息、与消费者互动，微博营销成为农村电商经营者宣传产品、树立品牌形象、实现精准营销的重要途径。

一、农村电商微博内容策略

在农村电商微博运营中，内容策略是重点关注领域，需要明确内容定位、建立素材库、做好内容规划及科学输出和互动。

（一）明确内容定位

微博的定位要结合微博的平台特征、用户特点和内容生态的分布领域，确定内容的特性和账号的形象设置。清晰的定位能够有效地指导账号的内容构建。常见的"三农"题材定位类型从生活分享到知识科普，再到小店的商业经营，内容非常丰富。而微博用户偏爱在平台谈乡村、聊农业、讨论时事热点。据统计，社交媒体微博"三农"热点话题如图5-4-1所示。

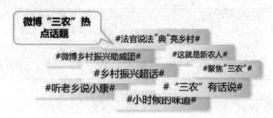

图5-4-1　微博"三农"热点话题

（二）建立素材库

微博运营的核心是保持高质量内容的持续输出，农村电商经营者要根据账号的定位，结合网络热点，持续地发布内容。这就需要结合内容上的规划，建立自己的素材库。

素材库的内容一方面是与自己的产品、企业、行业有关的知识、信息、资讯和动态，需要运营者在自己所属的领域进行搜集；另一方面是一些网络热门事件，需要在"热搜榜""话题榜"上进行采集。

（三）做好内容规划

微博内容应紧扣农产品或品牌，兼具趣味性与互动性，可设定定时栏目聚焦农产品、企业与行业，设定不定时栏目紧跟网络热点。内容规划需按时间分档，每日规划注重发布时间与频率，适应目标群体闲暇时段；每周规划强化粉丝互动与栏目设置；每月规划应对突发事件与热门话题；季度规划则突出重大节庆日与特殊纪念日，如中国农民丰收节。通过精心规划，微博内容将更具吸引力，以促进农产品与品牌的广泛传播。此外，每年年末要提前制定下一年的"营销日历"，在营销日历中对下一年的重大节庆日和特殊纪念日进行清晰的标注，根据营销日历提前做好内容上的规划。

（四）科学输出和互动

原创微博内容对农村电商经营者而言挑战大，需合理规划原创与转发比例。原创内容应兼具知识性、趣味性与话题性；转发时，应确保内容质量高且真实可靠。互动方面，可与名人、专家及粉丝交流，提升影响力。企业活动中，应强化农业品牌间、子账号与母公司账号的联动，通过互动增加关注度、保持热度、增强用户黏性。合理的内容规划与互动策略，将有助于农村电商企业在微博上树立品牌形象，实现有效营销。

知识链接:

企业的微博矩阵是根据企业的不同受众构建的营销矩阵。

知识拓展

二、微博文案撰写技巧

对于农村电商经营者来说,撰写出更具吸引力和影响力的微博文案,可以有效提升农村电商的品牌形象和销售额。农村电商经营者在撰写微博文案时可参考以下技巧。

(一)突出农产品特点

微博文案需要突出农产品的独特之处,如品质、口感、营养价值、产地特色等。农村电商经营者可以通过讲述具体的故事或生动的描述,让用户对农产品有更深入的了解和认识。

(二)利用热门话题和节日营销

结合热门话题或节日氛围编写微博文案,能够增加文案的曝光度和关注度。例如,在丰收季节或传统节日时,可以推出相应的营销活动,通过微博文案进行宣传和推广。

(三)注重情感共鸣

情感化的文案更容易引起用户的共鸣和关注。农村电商经营者可以讲述农民辛勤耕耘的故事,或者分享农产品所带来的美好体验,从而激发用户的购买欲望。

素质园地:

在农村电商微博营销过程中,农村电商经营者创作的"三农"领域文案,内容要保持垂直,主动挖掘农村人的勤劳朴实、勤俭节约,农村人的精气神,农村的孝道等,以优美的文字将传播当代中国农村文化与农产品营销有机结合起来,提升微博账号的精神内涵,成为农村文明发展的见证者、优质农产品的代言人。

(四)简洁明了,言简意赅

虽然微博的字数已突破 140 字的限制,但微博文案需要言简意赅,避免冗长的描述和复杂的句子结构。用简洁明了的语言传达核心信息,让用户能够快速理解并产生兴趣。

(五)强化互动与参与

在文案中设置互动环节,如提问、投票、分享等,鼓励用户参与并留言。同时善用@、#和链接三个要素,其中@指向某一用户,可提示该用户阅读内容;#则增加微博被搜索的概率,有利于被粉丝之外的人看到;链接则是分享内容的有效途径,更容易激发用户的关注。强化互动与参与可以拉近与粉丝的距离,增加粉丝的黏性和活跃度。

(六)注重文案排版与视觉呈现

微博文案的排版和视觉呈现同样重要,可以使用合适的字体、颜色和图片来增强文案的视觉效果。同时,注意段落划分和标点符号的使用,让文案更加易读易懂。

同时,根据读者的反馈和数据分析结果,不断优化文案的内容和形式,提高营销效果。

除了上述技巧之外,还可以通过其他方法,如定期更新微博文案,保持内容的新鲜感和时效性，在内容中添加一些幽默和趣味性因素等，以此达到吸引粉丝眼球的目的。

> **案例分析：**
>
> 黑龙江省五常市一个普通农民计波，利用微博销售大米，年销售额达到 200 万元，而他采用的就是互动营销的模式。
>
> 知识拓展

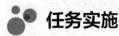 **任务实施**

"三农" 微博文案设计

任务目的：

根据图 5-4-1 所示的微博"三农"热点话题，选择 3 个内容定位，运用所学知识，以"三农"为题材，设计一篇微博文案。

任务流程及内容：

步骤1：结合"知识储备"中关于农村电商微博内容策略的学习，针对用户偏爱的话题，确定3个内容定位，并采集相应素材，填写表5-4-1。

表5-4-1 微博内容定位表

序号	微博内容定位	素材
1		
2		
3		

步骤2：结合步骤1，选取3个内容定位之一，设计文案内容，完善表5-4-2。

表5-4-2 微博文案内容设计

微博内容定位	文案内容设计	@、#、链接要素设计

步骤3：根据步骤2的内容设计，在自己的微博账号中发布该微博文案，将发布的微博文案贴在下方的空白处。

微博粘贴框

任务思考：

微博在宣传家乡文化、发扬地方特色、带动区域经济中如何体现其经济价值？

任务五　农村电商社交媒体活动效果分析

 知识储备

农村电商社交媒体活动的效果分析至关重要。分析步骤可概括为"埋、计、析、盘"。首先，"埋"指预设数据指标，为后续评估奠定基础；其次，"计"是收集活动数据，进行量化分析；再次，"析"即比较数据，评估活动效果，避免主观臆断；最后，"盘"是复盘活动过程，提炼经验，总结归档。通过这四个步骤，农村电商经营者能客观评价活动效果，为今后的农村电商社交媒体活动提供有益参考。

一、数据预埋

数据预埋工作需要在社交媒体活动开始前完成。农村电商经营者需要提前设置数据观察入口，并将过往数据清零，便于在活动结束后进行数据统计。例如，某农村电商经营者在微信群团购报名活动开始前，先在报名后台预埋了分销渠道的链接。

在报名活动结束后，可以直接从后台统计出各渠道的分销数据，进而判断渠道分销的效果。如果没有提前进行数据预埋，后续的分析与评估工作便无从谈起。

二、数据统计

如果把数据预埋看作"撒网捕鱼"，那么数据统计就是"收网捞鱼"。在活动开始前设定观察网址、分销链接、推广二维码等，活动结束后可以进入后台进行统计并分析相关数据。

三、效果分析

社交媒体活动效果的精确评估，来自数据的准确比对。一场社交媒体活动的目标不一定只有一种，很可能既要通过活动涨粉，又要通过活动销售农产品。因此，进行数据比对时，需要将活动目标所涉及的数据全部进行统计，然后分别评判目标的达成情况，解析数据原因。

例如，某农村电商经营者在一场微信公众号有奖竞猜活动开始前设定的目标是"参与人数超过 1500 人，涨粉数量超过 1000 人，转发量超过 800 次"，在活动结束后进行效果比对，如表 5-5-1 所示。

表5-5-1　活动效果比对

目标项	目标期望数	最终达成数	目标达成情况
参与人数	1500 人以上	1648 人	超预期
涨粉数量	1000 人以上	902 人	未达成
转发量	800 次以上	1057 次	超预期

由表 5-5-1 可以看出，活动的参与人数和转发量都超出目标期望数，而涨粉数量略低于目标期望数。分析数据后可以得出初步的优化建议：后续类似的活动，可以在后台设置"仅关注

才能参与"的功能权限，增加参与者的关注比例。

四、过程复盘

"复盘"原是围棋术语，本意是对弈者下完一盘棋之后，重新在棋盘上把对弈过程摆一遍，看看哪些地方下得好，哪些地方下得不好，哪些地方可以有不同、甚至更好的下法等。农村电商经营者也可以根据活动过程的质量进行复盘，提炼出社交媒体活动经验。

> **知识链接：**
>
> 完整的复盘内容包括目标完成情况，运营数据分析，存在问题分析，工作亮点分析，ROI 测算，方法论总结，流程、标准和规范层面的可优化之处总结，持续性的效果跟进策略。

活动复盘需要紧扣"过程"，首先通过个人总结、团队互评的方式提炼出复盘清单，如表 5-5-2 所示。

表5-5-2 某农村电商经营者社交媒体活动复盘清单

序号	事项
1	将早、中、晚的朋友圈海报设计成不同的风格，可以更好地引起好友关注
2	公众号粉丝周五晚上的参与度远高于其他时间段
3	部分合作账号引流能力有限，降低了活动效果
4	公布获奖粉丝时忘记给出领奖方式
5	邀请粉丝转发朋友圈，忽略了转发语

随后，将复盘清单按照"经验"和"教训"进行归类与整理，并根据"经验"和"教训"，进一步给出对后续活动的建议，如表 5-5-3 所示。

表5-5-3 某农村电商经营者社交媒体活动建议

类别	序号	事项	内容
经验	1	本次事项	将早、中、晚的朋友圈海报设计成不同的风格，可以更好地引起好友关注
		后续建议	提前设计 3~5 套朋友圈海报
	2	本次事项	公众号粉丝周五晚上的参与度远高于其他时间段
		后续建议	活动预热的时间放在周三左右，正式开始的时间放在周五
教训	3	本次事项	部分合作账号引流能力有限，降低了活动效果
		后续建议	对于引流能力有限的账号，下次活动停止合作
	4	本次事项	公布获奖粉丝时忘记给出领奖方式
		后续建议	提供领奖电话、二维码等，一定要放在获奖海报上的明显位置
	5	本次事项	邀请粉丝转发朋友圈，忽略了转发语
		后续建议	专门撰写朋友圈转发文案，邀请粉丝传播

最后，通过复盘，所有经验与教训都可以作为经验档案，留存于农村电商经营者的资料库，作为下一次活动的运营参考。

素质园地：

在实施"数商兴农"工程，推进电子商务进乡村的背景下，要开展农村电商社交媒体运营，就需要具备较强的数据洞察力，培养收集、整理、分析数据的习惯和能力，提升数字化"新农具"的应用水平，为广阔乡村搭建农产品流通平台，为数字乡村建设贡献力量。

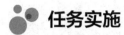 **任务实施**

社群活动效果分析

任务目的：

在家乡特产推广销售社群活动结束后，统计销售数据，进行效果分析，得出分析结论，分别列出活动经验和教训。

任务流程及内容：

步骤1：结合"知识储备"中关于"埋、计、析、盘"分析数据与复盘过程的介绍，为本项目任务三家乡特产销售社群活动进行数据预埋，设置数据观察入口。在活动结束后，从后台导出销售数据并统计，完善表5-5-4。

表5-5-4 销售效果分析表

序号	数据来源	数据项目	数据情况
1			
2			

步骤2：结合步骤1，将销售数据进行归类，进行活动效果对比分析，完善表5-5-5。

表5-5-5 活动效果对比分析表

目标项	目标期望数	最终达成数	目标达成情况

步骤3：结合步骤2，进行过程复盘，填写表5-5-6。

表5-5-6 社群活动复盘清单

序号	事项
1	
2	

步骤4：结合步骤3，提出下一次社群活动建议，填写表5-5-7。

表5-5-7 社群活动建议

类别	序号	事项	内容
经验	1	本次事项	
		后续建议	

续表

类别	序号	事项	内容
教训	2	本次事项	
		后续建议	

任务思考：

社交媒体活动效果分析在农村电商应用中起到哪些推动作用？

 拓展延伸

数字时代，田园不远

2022年，文化和旅游部等部门印发《关于推动文化产业赋能乡村振兴的意见》，其中"数字文化"是8个重点领域之一。其要点在于，以数字文化产品为载体，展现乡村特色文化、民间技艺、乡土风貌、田园风光、生产生活等方面，从而带动地域宣传推广、文创产品开发、农产品品牌形象塑造等。这敏锐地把握了双向需求：社交媒体平台用户希望看到更多优质乡土内容创作，基础设施更加完善的乡村则渴望得到更多展现和参与。

数字文化赋能乡村振兴，关键词是"连接"：连接展示与欣赏、供给与需求。所谓"媒介即讯息"，媒介技术本身往往和内容一样重要。5G信号和智能手机的普及，让即便身处偏僻乡村的村民，也能成为互联网世界中的节点。这意味着，以前被地理单元所阻隔的人才、信息、资金的流动，如今成为普遍现象。

🔒 **"三农"创业故事**

她凭借对"三农"的深厚感情与对电商行业的坚定执着，勇往直前，不断探索与实践，积极响应"两进两回"政策回乡再创业。她坚持品质、服务、品牌三提升，致力于绘制乡村振兴的新图景。她就是本次要分享的"三农"创业故事主人公俞冬红。请扫码观看。

"三农"创业
学思践悟

🎁 **项目评价**

序号	技能点评价（根据能力目标）	个人自述	组内评价	教师评价
		A.未达标	B.达标	C.精通
1	能够编辑农村电商公众号推文			
2	能够组织农村电商社群活动和实现社群变现			
3	能够撰写微博营销文案			
4	能够分析农村电商社交媒体活动效果			

序号	素质点评价（根据素养目标）	个人自述	组内评价	教师评价
		A.未达标	B.达标	C.精通
1	具有助农纾困的责任心和使命感			
2	具备拥抱变化和与时俱进的品质			
3	培养法律意识，增强知识产权保护意识			

序号	素质点评价（根据素养目标）	个人自述	组内评价	教师评价
		A.未达标	B.达标	C.精通
4	养成以诚立身、以诚待人、用心做事的良好风范			
5	争做讲原则、懂规则、守纪律的大学生			

✏️ **学习笔记**

_____

_____

_____

_____

_____

_____

_____

_____

_____

_____

_____

_____

✏️ **项目测试**

一、单项选择题

1. 农村电商社交媒体具有社交属性和以（   ）为中心的属性。

   A. 平台　　　　　B. 用户　　　　　C. 运营者　　　　　D. 工具

2. 农村电商公众号运营中，最重要的就是（   ）。

   A. 推文选题　　　B. 内容撰写　　　C. 编辑排版　　　　D. 内容发布

3. 判断一个农村电商社群是否优质的重要指标是（   ）。

   A. 社群是否具有实用性　　　　　B. 社群是否实现变现

   C. 社群人数的多少　　　　　　　D. 社群活跃度的高低

4. 农村电商社交媒体活动效果分析的最后一项工作是（   ）。

   A. 数据收集与整理　　　　　　　B. 过程复盘

   C. 数据预埋　　　　　　　　　　D. 总结归档

二、多项选择题

1. 微博用户偏爱"三农"题材讨论（　　　）话题。

    A. 乡村　　　　　　B. 农业　　　　　　C. 时事热点　　　　D. 职业方向

2. 农村电商公众号推文选题类别包括（　　　）。

    A. 系列专题　　　　B. 热点话题　　　　C. 常规选题　　　　D. 产业

3. 农村电商社群活动的形式包括（　　　）。

    A. 讨论分享话题　　B. 发放福利红包　　C. 发布社群任务　　D. 线下发布会

4. 农村电商社交媒体活动效果分析步骤包括（　　　）。

    A. 数据预埋　　　　B. 数据统计　　　　C. 效果分析　　　　D. 过程复盘

三、判断题

1. 数据预埋工作是在社交媒体活动结束后进行数据统计。　　　　　　　　　　（　　　）

2. 农村电商微博运营过程中，需要建立自己的素材库，才能保证高质量内容的持续输出。

   　　　　　　　　　　　　　　　　　　　　　　　　　　　　　　　　　　（　　　）

3. 农村电商公众号推文标题需要贴近生活。　　　　　　　　　　　　　　　　（　　　）

4. 微信个人标签能为农产品带来更加广泛的关注机会。　　　　　　　　　　　（　　　）

5. 微信公众号文章不能转载。　　　　　　　　　　　　　　　　　　　　　　（　　　）

四、填空题

1. 农村社交电商是农村商户在新媒体时代，借助_____发展并优化的一种农村电子商务模式。

2. 建立农业相关的微信公众号定期向农业对象_____等，并可以实现互联。

3. 撰写农村电商公众号推文标题时，_____就是把粉丝最关心的要点体现在内容标题上。

4. 农产品销售微信群可以通过_____完成下单和支付。

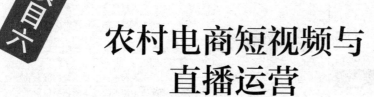

项目六

农村电商短视频与
直播运营

◎ 知识目标

了解农村电商短视频运营的概念和特点。

了解农村电商短视频的定位和运营流程。

掌握农村电商短视频的发布和推广方法。

了解农村电商直播运营的概念、特点和策略。

掌握农村电商直播的准备工作内容和复盘的方法。

◎ 能力目标

能够运营农村电商短视频账号。

能够制作农村电商短视频，并进行发布和推广。

能够策划农村电商直播脚本和布置直播场景。

能够科学分析直播数据，完成直播复盘。

◎ 素养目标

强化"三农"情怀、乡村文化融入视频制作的创新意识。

将乡村文化融入直播脚本，以文化自信赋能乡村振兴。

感受农村电商短视频与直播在赋能乡村振兴中的强大动力。

秉持"实事求是"的工作原则，强化数据分析过程中数据真实、方法科学的数据思维。

思维导图

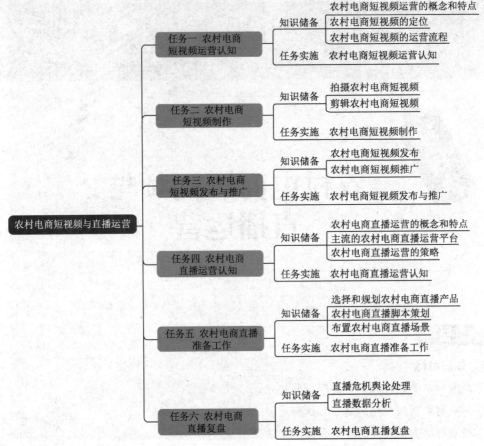

农村电商短视频与直播运营

- 任务一 农村电商短视频运营认知
  - 知识储备
    - 农村电商短视频运营的概念和特点
    - 农村电商短视频的定位
    - 农村电商短视频的运营流程
  - 任务实施
    - 农村电商短视频运营认知
- 任务二 农村电商短视频制作
  - 知识储备
    - 拍摄农村电商短视频
    - 剪辑农村电商短视频
  - 任务实施
    - 农村电商短视频制作
- 任务三 农村电商短视频发布与推广
  - 知识储备
    - 农村电商短视频发布
    - 农村电商短视频推广
  - 任务实施
    - 农村电商短视频发布与推广
- 任务四 农村电商直播运营认知
  - 知识储备
    - 农村电商直播运营的概念和特点
    - 主流的农村电商直播运营平台
    - 农村电商直播运营的策略
  - 任务实施
    - 农村电商直播运营认知
- 任务五 农村电商直播准备工作
  - 知识储备
    - 选择和规划农村电商直播产品
    - 农村电商直播脚本策划
    - 布置农村电商直播场景
  - 任务实施
    - 农村电商直播准备工作
- 任务六 农村电商直播复盘
  - 知识储备
    - 直播危机舆论处理
    - 直播数据分析
  - 任务实施
    - 农村电商直播复盘

引导案例

一年卖 2000 万公斤萝卜，川妹子"川香秋月"创造销售奇迹

　　"川香秋月"本名吴秋月，是个地地道道的四川农家妹子，曾经在深圳工作，2012年回乡创业。她顶着压力开起网店，先卖鞋子，又卖特色小吃。2020年年初，有一定电商经验的吴秋月开始尝试拍摄短视频，在抖音开设账号"川香秋月"，把镜头瞄准田间乡野、灶台餐桌，记录家乡生活。

　　2020年2月，在抖音上坚持不懈地更新一个月之后，吴秋月磨豆花的视频在抖音爆火，网友开始关注这个脸上总是挂着灿烂笑容且有着好厨艺的川妹子。

　　2020年6月，她第一次尝试在抖音上直播带货（见图6-0-1），就卖出了一万多单高山萝卜干。从联系萝卜干加工厂，到改良产品配方、灌装贴标、销售，每一步她都亲自参与。"川香秋月"萝卜干每年要消耗掉1500万～2000万公斤高山萝卜，形成了一个产业链。市场有了需求，萝卜干厂"起死回生"，还扩建了分厂，带动200多名村民就业。

图6-0-1 "川香秋月"在抖音上直播带货

2021年8月，吴秋月找到高山萝卜的产地——理塘县和稻城县，并与当地政府达成深度合作，扩种高山萝卜，带动当地100多个种植户增收。在"川香秋月"的带动下，2021年，近2000万公斤高山萝卜"走出大山"。

"信任是打开一扇门的钥匙，而品质才是让顾客一直回购的通道。"吴秋月说，"未来会更用心地做好'川香秋月'这个特产品牌，继续带动更多村民改善生活，让家乡好物走向全国，让家乡美景被更多人看到。"

案例思考：

认真阅读案例，思考并回答以下问题。

（1）直播为什么能直接带动商品的销售？

（2）你还知道哪些农产品网络直播名人？

任务一 农村电商短视频运营认知

知识储备

我国短视频平台的用户数量达到全新高度，营销价值日益凸显。农村电商短视频运营结合了农村电商产品的特点、受众需求和平台属性，制定吸引人的创意策划方案，并通过多样化的拍摄手法和后期剪辑技巧，让短视频更加生动有趣，从而推动农产品的销售和品牌建设。

一、农村电商短视频运营的概念和特点

（一）农村电商短视频运营的概念

农村电商短视频运营是指利用短视频平台开展农村电商活动的过程。它结合了短视频的直观性、互动性和传播性，通过短视频内容展示农村产品、服务和文化，吸引用户关注和购买，能够促进农村经济的发展。

农村电商短视频运营具体包括制作、发布和交易。其中，制作是以农村产品、服务、文化和环境为主题进行拍摄，剪辑并创作出具有吸引力和独特性的短视频；发布是将短视频上传到平台上，供广大用户观看和互动；交易则是通过短视频展示和推荐农村产品，引导用户购买。

农村电商短视频运营的主要目的是通过对短视频内容的有效管理，帮助用户更直观、生动地了解农村的产品和服务，增强用户的购买意愿和忠诚度，从而促进农村电商的发展，提高农

产品的销量，推动农村经济的增长。

（二）农村电商短视频运营的特点

1. 内容丰富多彩

农村电商短视频可以展示农村的各种产品、服务和文化，包括农产品、手工艺品、乡村旅游等。例如短视频通过展现农村的自然风光、田园生活、民俗风情等，让用户感受到农村的宁静、舒适和独特魅力，以吸引对乡村生活感兴趣的用户，激发他们对农村产品的购买欲望。同时，这种多样性的短视频内容也有助于丰富农村电商的品牌形象，提升产品的市场认可度。

2. 地域特色鲜明

农村电商短视频注重展示农村的地域特色和风土人情，突出农产品的地域优势，能够增强用户对产品的认知和信任。农村电商短视频运营者可以使用体现地域特色的方言和口音进行解说，不仅能让用户感到亲切，还能更好地传递当地的文化氛围和生活气息。例如抖音平台上的"蜀中桃子姐"在视频中不仅分享川菜的制作，还用四川方言与丈夫对话，让用户深刻感受到农村的人间烟火气。

3. 互动方便及时

短视频平台具有强大的社交功能，用户可以通过点赞、评论、转发等方式与发布者互动。农村电商短视频运营者可以在短视频中鼓励用户在评论区留言，如分享购买体验等，形成良好的用户黏性。农村电商短视频运营者还可以通过互动了解用户需求，及时改进产品和服务，调整运营策略。

4. 传播速度快

短视频平台用户基数大，活跃度高，农村电商短视频可以迅速传播，扩大品牌知名度和影响力。同时，通过用户分享和转发农村电商短视频，可以实现口碑营销，增强用户购买意愿。

5. 成本相对较低

相较于传统的广告投放和营销方式，农村电商短视频运营的制作、推广等成本都相对较低。农村电商短视频制作不一定需要昂贵的摄影设备、专业的拍摄团队或长时间的后期制作，运营者只需要准备常用的智能手机，加上一些基本的拍摄和编辑技巧，就可以制作出高质量的短视频，实现良好的营销效果。

> **素质园地：**
>
> 当代大学生通过观看和拍摄"三农"短视频，关注"三农"问题，增强对农业、农村和农民的了解与关心，培养社会责任感和使命感。通过实践锻炼自己，提高综合素质，为乡村振兴的发展作出贡献。

二、农村电商短视频的定位

农村电商短视频的定位需要综合考虑目标受众、内容、平台和风格等多个方面，以确保制作的短视频能够吸引目标受众的注意，同时能够有效地传递出农产品的信息和价值。

（一）目标受众定位

首先需要明确目标受众是谁。考虑到农村电商的特点，目标受众包括农民、农产品消费者、乡村生活的追求者等。通过了解他们的年龄、性别、地域、消费习惯等数据，可以更好地把握他们的需求，为不同群体定制内容。

（二）内容定位

农村电商短视频的内容主要围绕农村、农业和农产品进行，可以展示农产品的种植、生长、采摘过程，讲述与农村生活相关的故事，或者介绍农产品的特点和优势。同时，也可以结合当地的文化、风俗等元素，让内容更加具有吸引力和特色。

1. 农产品展示

这是农村电商短视频的核心内容，可以展示农产品的生长环境、种植过程、收获场景等，让用户了解农产品的真实情况，增加产品的信任度。同时，也可以展示农产品的品质、口感、营养价值等特点，增强用户的购买欲望。

2. 农业知识普及

结合农产品的特点，普及相关的农业知识，如种植技术、农产品加工方法、农业政策等。这不仅可以提高用户的农业素养，也可以增加他们对农产品的了解和认同。

3. 农村生活展示

通过短视频展示农村的生活场景、风土人情、乡村文化等，让用户感受到农村的独特魅力和浓厚的地方特色，增加他们对农村电商的兴趣和好感，同时提升用户的情景代入感和主观体验感。

（三）平台定位

选择适合的平台对于农村电商短视频的成功至关重要。农村电商短视频运营者可以考虑在抖音、快手、微信视频号等热门短视频平台上发布内容。在选择平台时，需要考虑平台的用户活跃度、内容推荐机制和社交属性等因素，以确保内容能够更好地触达目标受众。

（四）风格定位

根据目标受众和内容的特点，确定农村电商短视频的风格和调性。农村电商短视频风格可以是轻松幽默的，也可以是朴实自然的，或者是富有情感和故事性的。风格定位要与目标受众的喜好相符合，同时也要凸显出农产品的特点和优势。

案例分析：

李子柒的视频定位紧扣"田园生活"这个关键词。她的视频内容不仅关乎美食，还充满了中国传统文化、美景以及田园生活。这种独特的创作理念让她在国内外市场上独具吸引力，尽管她的视频没有英文字幕，外国观众依然对其内容很感兴趣。她在视频中呈现了中国文化的精髓，从而在大量美食博主中脱颖而出。

三、农村电商短视频的运营流程

农村电商短视频的运营流程包括内容策划与创作、平台选择、发布与推广、数据分析与优化。

（一）内容策划与创作

内容策划与创作是短视频运营的核心。首先，需要明确目标受众和内容定位，然后根据这些信息进行内容策划。内容要有趣、创新，能够吸引用户的注意力。同时，注意短视频的时长，尽量控制在用户能够接受的范围内。针对农村电商的特点，内容策划应重点关注农产品的特点、生产过程、产地环境等方面。农村电商短视频运营者可以通过短视频展示农产品的生长过程、独特的种植方法、产地风光等内容，吸引用户的注意力。同时，也可以结合农村文化、传统习俗等元素，打造具有特色的短视频内容。

（二）平台选择

根据目标受众和内容定位，选择合适的发布平台。表 6-1-1 所示为主流视频平台的主流内容类别。农村电商短视频的发布平台应选择用户群体广泛、活跃度高的平台，如抖音、快手、微信视频号等。这些平台具有强大的推荐算法和社交功能，可以帮助农村电商短视频快速传播，吸引更多潜在用户。

表6-1-1　主流视频平台的主流内容类别

主流视频平台	主流内容类别
抖音	剧情搞笑类、娱乐类、旅行类、美食类、美妆类、音乐舞蹈类
微信视频号	剧情类、生活类、技能类、美食类
快手	剧情搞笑类、美食类、游戏类、音乐舞蹈类、生活类
哔哩哔哩（bilibili）	娱乐搞笑类、音乐类、游戏类、科技类、美食类、时尚类、舞蹈类、生活类、影视类

（三）发布与推广

在发布农村电商短视频时，首先要注意文案的创作，通过突出主题、创造悬念、强调价值、调用情感和引导互动等吸引用户注意力并激发用户观看兴趣；其次要注意发布时间和频率，尽量在用户活跃的时间段发布。同时，利用其他社交媒体平台进行推广，如微博、微信等。另外，还可以与其他 KOL、"大 V" 合作，提高曝光率。

（四）数据分析与优化

通过分析用户数据，如观看数据、用户行为数据等，了解用户的喜好和需求变化，然后根据这些数据进行农村电商短视频的内容优化。例如，如果发现某个类型的视频点击率较高，那么就可以多创作这类视频。

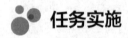 **任务实施**

农村电商短视频运营认知

任务目的：

收集并整理"三农"相关的短视频账号，观看这些短视频账号发布的短视频，从这些短视频账号的运营中得到启发。通过分析其拍摄风格、目标受众、内容定位及所在平台，深切感受农村电商短视频运营在传播农村产品、服务和文化等方面的强大动力。

任务流程及内容：

结合"知识储备"中关于农村电商短视频的定位的介绍，收集并整理 3 个及以上"三农"

短视频账号，分析账号的定位，完善表 6-1-2。

表6-1-2 "三农"短视频账号定位汇总表

序号	账号名称	拍摄风格	目标受众	内容定位	所在平台
1					
2					
3					

任务思考：

常见的"三农"短视频在传播乡村服务和文化等方面是如何体现的？

任务二 农村电商短视频制作

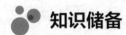 **知识储备**

一、拍摄农村电商短视频

拍摄农村电商短视频需考虑拍摄设备、拍摄手法、脚本、场景选择等多个方面。

（一）农村电商短视频拍摄设备

1. 智能手机或专业相机

这是拍摄短视频的基本设备。智能手机可以方便携带和操作，而专业相机可以提供更清晰的画质和更丰富的拍摄功能。如果需要拍摄高质量的视频，可以选择配备4K分辨率和高动态范围（HDR）功能的设备。

2. 云台稳定器

云台稳定器是一种新型的拍摄设备，也被称为手持稳定器或三轴稳定器，主要用于拍摄领域。云台稳定器的主要作用是防止在移动拍摄过程中产生的抖动，使画面更加稳定和平滑，从而提高拍摄的质量和效果。随着自媒体的发展和直播、Vlog 等内容形式的流行，云台稳定器已经成为很多摄影爱好者和视频博主的必备设备。

3. 话筒

手机和相机通常内置话筒，但收音范围较小，有时无法满足短视频拍摄的需求。为了捕捉清晰的声音，可以配备一个外接话筒，这样可以避免背景噪声和回声，并提高音频质量。

4. 灯光设备

在光线不足的情况下，需要使用补光灯照亮拍摄对象。由于农村电商短视频很多是以室内拍摄为主，光线不足会影响视频呈现效果，因此，农村电商短视频运营者在拍摄时可以配备一些便携式的 LED 灯或反射板以增强光线。

5. 其他辅助设备

根据具体需求，还可以考虑购买一些其他辅助设备，如无人机、滑轨、摇臂等，以增加视频的多样性和创意性。

短视频拍摄设备如表 6-2-1 所示，农村电商短视频拍摄设备的选择应根据实际需求和预算进行综合考虑。初学者可以先选择简单的拍摄设备，逐渐积累经验和提升技能，再根据需要进行设备的升级和扩展。

表6-2-1　短视频拍摄设备

| 手机云台 | 相机云台 | 话筒 | 灯光设备 |

（二）农村电商短视频拍摄手法

1. 设置景别

景别是指由于摄影机与被摄体的距离不同，而造成被摄体在镜头画面中呈现出范围大小的区别。景别决定了画面中的视觉内容及其重点和细节的表现程度。

> **知识链接：**
>
> 　　农村电商短视频常用的景别主要包括远景、全景、中景、近景、特写。选择合适的景别，可以增强短视频视觉效果。

知识拓展

2. 拍摄运镜

短视频拍摄手法多种多样，可以根据具体的拍摄需求和场景进行选择。农村电商短视频的拍摄应该注重真实性、生动性和趣味性，通过运用合适的运镜方法和拍摄技巧，让用户更加深入地了解农村生活和文化。

> **知识链接：**
>
> 　　农村电商短视频常用的运镜方法包括推镜头、拉镜头、移镜头、跟镜头及低角度运镜。

知识拓展

（三）撰写短视频脚本

短视频脚本是一种用于规划和指导短视频制作的文本工具。它通常包括画面场景、详细的对白和旁白、镜头、音乐和音效、时间标记等，以帮助导演、摄影师、演员和其他制作人员理解并协同工作，从而制作出符合预期效果的短视频。以下是短视频脚本的一些基本要素和介绍。

1. 画面场景

在短视频脚本中，画面场景通常是指具体呈现出的视觉内容。这包括视频中出现的地点、环境，以及在这些地点、环境中所展现出的具体景象。

2. 镜头

短视频脚本会详细列出每个镜头的描述，包括景别类型（如特写、全景等）、拍摄角度、运动轨迹等，以确保摄影师知道如何捕捉每个场景的最佳画面。

3. 对白和旁白

对白是角色之间的对话，而旁白则是解说员或主持人对短视频内容的讲解或描述。这些文本元素为用户提供了必要的信息，并引导他们更好地理解短视频内容。

4. 时间标记

时间标记指示每个镜头或对白应该出现的时间点，这有助于确保短视频在编辑时能够保持正确的节奏和顺序。

5. 音乐和音效

音乐和音效能够增强短视频的情感表达，提升用户的观看体验。

（四）短视频场景选择

农村电商短视频场景的选择要贴近农村生活，展现农村风貌和农民生活，呈现农村生活的美好和独特。应选择具有代表性，能够反映出农村的特色，使观众产生共鸣的场景。在此基础上，运用合适的镜头语言，合理搭配背景音乐，并尝试与用户互动，提升用户的参与度和短视频的趣味性。

> **案例分析：**
>
> 受人民网表扬的短视频创作者"张同学"，他的视频题材都与农村生活相关。在其作品《青山高歌》呈现的 7 分 50 秒中，有 190 个分镜头，其中有 4 个 8 秒以上的长镜头。其作品魔性的背景音乐，紧凑的剪辑节奏，再搭配流畅的镜头转换，无形中抓住了公众的注意力。

二、剪辑农村电商短视频

剪辑短视频在短视频制作中至关重要。农村电商短视频运营者通过创意表达、故事叙述、吸引观众注意力等剪辑方式，为用户带来高质量、富有吸引力的短视频内容。

（一）常用的剪辑软件

运营者利用剪辑软件对短视频进行各种处理，从而制作出高质量、富有创意的短视频内容。常用的剪辑软件包括剪映、爱剪辑、Premiere 等。

1. 剪映

剪映是抖音官方推出的一款手机短视频剪辑软件，功能齐全，易于上手，适合初学者。它提供了较全面的剪辑功能，并且支持在手机端、Pad 端、PC 端使用。剪映的特色功能包括变速、多样的滤镜和美颜效果，并且为短视频运营者提供丰富的曲库资源，可以满足短视频运营者在视频制作过程中的各种需求。剪映软件界面如图 6-2-1 所示。

图6-2-1　剪映软件界面

2. 爱剪辑

爱剪辑是一款根据人们的使用习惯、功能需求与审美特点进行设计的视频剪辑软件，如图 6-2-2 所示，主要在计算机中使用，功能较全面，包含字体、特效、素材和动画等，操作简单，适合新手。

3. Premiere

这是一款由 Adobe 公司开发的一款功能强大、专业的视频编辑软件，如图 6-2-3 所示，它具有强大的采集、剪辑、调色、美化音频、添加字幕等功能，适合专业的短视频运营者或需要处理高质量视频的短视频运营者。

图6-2-2　爱剪辑软件官网

图6-2-3　Adobe Premiere软件界面

（二）剪辑短视频的技巧

农村电商短视频运营者在剪辑短视频时，需要掌握以下技巧。

1. 分割视频

在视频编辑器的预览窗口中，使用播放控件定位到想要分割视频的准确位置，然后通过拖动播放头或使用时间码精确导航到分割点，在确定好分割点后，用"分割"或"切割"功能将视频分割成两部分。

2. 镜头连接

镜头连接首先需要遵循"匹配剪辑"原则，它要求将两个在动作、位置、方向或速度上相似的镜头连接在一起。其次需要使用过渡效果（如溶解、淡入、淡出、滑动等），可以使镜头之间的切换更加自然和流畅。这些效果可以根据需要进行选择，以创造出不同的视觉效果和情绪。最后通过镜头的选择和连接，将用户的注意力引导到重要的部分或细节上。

3. 添加音乐与音效

选择合适的背景音乐和音效对于短视频来说非常重要。音乐能够增强情感的表达，而音效则能够突出关键的动作和声音。

4. 添加文字与字幕

适当添加文字、字幕或标题可以帮助用户更好地理解和记忆短视频内容。这些文字与字幕应该简洁明了，易于阅读，并且与短视频内容相配合。

素质园地：

从事农村电商短视频运营的人员，需要遵守相关的法律法规，关注短视频相关禁令或限制事项。例如，禁止涉及任何违法内容；禁止使用他人的作品、商标、肖像权等未经授权的内容进行剪辑后发布；禁止在短视频剪辑中讨论或宣传敏感话题；禁止使用未经授权的音乐、影片或其他受版权保护的素材进行剪辑。与规则同行，共同构建绿色网络环境。

 任务实施

农村电商短视频制作

任务目的：

收集并整理素材，应用拍摄设备和剪映软件完成一个农村电商短视频的制作，从撰写脚本、拍摄视频和剪辑视频中得到启发，通过制作农村电商短视频传承乡土文化，助力乡村文化振兴。

任务流程及内容：

步骤1：结合"知识储备"中关于农村电商短视频制作的学习，写出与"三农"相关的短视频脚本，完善表6-2-2。

表6-2-2 短视频脚本

镜号	画面场景	镜头	对白和旁白	音乐和音效	时间标记
1					
2					
3					
4					
5					
6					
……					

步骤2：结合步骤1，根据短视频脚本，用手机或相机拍摄农村电商短视频。

步骤3：结合步骤2，应用剪映软件完成农村电商短视频的制作。

任务思考：

农村电商短视频制作在内容创作、拍摄手法和剪辑技巧等方面还可以有哪些创新？

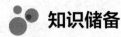

任务三 农村电商短视频发布与推广

知识储备

农村电商短视频的发布与推广能有效提升农产品品牌形象、促进农产品销量增长以及拓展更广阔的市场。目前，农村电商企业正在充分利用短视频这一新型传播媒介，不断提升自身的运营能力和市场竞争力。

一、农村电商短视频发布

短视频的发布并不是简单地将视频投放到短视频平台上，而是需要农村电商短视频运营者运用一些技巧发布短视频，如选择发布时间、设定发布频率、运用热门话题标签、编辑封面和打造矩阵等，从而提升农村电商短视频的运营效果。

（一）选择发布时间

农村电商短视频的发布时间并没有固定的标准，因为不同的平台、受众群体以及内容类型都可能影响最佳发布时间。农村电商短视频运营者需根据短视频类型和内容，结合社交媒体和短视频平台的用户活跃时段，合理选择发布时间。

（二）设定发布频率

设定农村电商短视频的发布频率应该综合考虑多个因素，包括目标受众、内容类型、平台特点以及营销策略等。

发布频率应该与内容产出能力相匹配。如果有足够的创意和资源来制作高质量的短视频，那么可以适当增加发布频率，如每天一更，或者一周更新3~4次，以保持用户的关注度和兴趣。但是，如果内容制作难度较大或者资源有限，过于频繁地发布可能会导致短视频质量下降，反而影响用户体验，可以选择每周更新1次。

（三）运用热门话题标签

热门话题标签通常是用户在社交媒体和短视频平台上搜索频率较高的关键词。在发布农村电商短视频时，通常需要撰写一段关于短视频内容的文案，在文案中适当添加合适的热门话题标签，可以增加短视频在搜索引擎中的排名，从而提高短视频的曝光率。话题标签通常以"#"开头，如#乡村旅游。热门话题标签是短视频的重要流量入口，可以吸引对话题感兴趣的用户，增加视频的观看量；其次热门话题标签可能会吸引用户留言、点赞或分享，从而增加用户互动，提高用户参与度；最后可以增加用户对短视频的兴趣和黏性，使他们更愿意继续浏览和关注短视频。

> **案例分析：**
>
> 广西桂林某短视频账号粉丝只有4000多人，但1条结合"潜水艇大挑战"热点话题的短视频，点赞却超过1.4万次。"潜水艇大挑战"是有186亿流量的挑战游戏。广西桂林这个账号，自己做道具，让麻鸭模仿潜水艇，在一根根"竹子"间穿来穿去，进行挑战。因为其富有创意且幽默风趣的内容，该短视频有效地利用热点话题，登上了热门榜单，所以赢得了一大波流量。

（四）编辑封面

在发布农村电商短视频时，封面对于提高短视频点击率和吸引观众至关重要。下面是一些关于农村电商短视频封面编辑的建议。

1. 突出主题

封面能够清晰地传达短视频的主题。如果短视频是关于某种农产品的介绍或推广，那么封面应突出显示这种农产品，如使用高清大图进行展示。

2. 使用吸引眼球的图片

选择色彩鲜明、对比度高的图片作为封面，这样可以吸引用户的注意力。同时，确保图片清晰，不含低分辨率的内容。

3. 保持一致性

如果有一个统一的品牌形象或视觉风格，确保封面与之保持一致。这有助于建立品牌识别度，并使用户更容易记住短视频的内容。

4. 简洁明了

简洁明了的设计更容易吸引用户的注意力，并传达主要信息。可以在封面上添加简短、吸引人的标题，以便用户快速了解短视频内容。这些标题应与短视频内容紧密相关，并突出产品的主要卖点。

（五）打造矩阵

农村电商短视频运营者可以通过在短视频平台上运营不同的账号，打造矩阵。例如可以打通抖音、快手、小红书等各大平台的账号，进行相互引流，实现多平台的展示，增加粉丝数量，为未来变现做好充分的准备。

打造矩阵对短视频运营能力要求颇高。首先，农村电商短视频运营者要具备足够的时间和精力，围绕农村电商的特点，策划一系列有吸引力、有教育意义的短视频内容。注重视频的拍摄质量和剪辑效果，提高用户的观看体验。其次，农村电商短视频运营者还应当具备一定的营销素质和技巧，选择适合农村电商短视频发布的平台，如抖音、快手、微视等。根据平台的特点和用户群体，制定不同的发布策略，形成短视频矩阵。最后，农村电商短视频运营者还应当具备数据分析能力，利用数据分析工具，分析短视频的观看量、点赞量、评论量等数据，了解用户的兴趣和需求。根据数据分析结果，优化短视频内容和发布策略，提高短视频的传播效果和转化率。

二、农村电商短视频推广

农村电商短视频推广通常分为免费推广和付费推广。农村电商短视频通过推广可以帮助农村电商平台扩大影响力，提高农产品销售额。

（一）免费推广

免费推广可以作为农村电商短视频初期引流的主要方式，以下是几种常见的农产品短视频免费推广方法。

1. 社交媒体分享

将制作好的短视频分享到各大社交媒体平台，如微信、微博、抖音、小红书等。利用这些平台的分享功能，让更多的人看到农村电商短视频。同时，可以加入相关的社交媒体群组或论坛，与其中的用户互动，提高曝光率。

2. 合作与联动

寻找与农产品相关的合作伙伴，如当地的美食博主、农业专家等，与他们合作制作短视频，共同推广。此外，可以与其他农村电商企业进行联动，互相推广，扩大影响力。

3. 活动与互动

举办线上活动，如农产品知识竞赛、短视频创作大赛等，鼓励用户参与互动。这不仅可以增加用户黏性，还能提高品牌知名度。

4. 口碑传播

鼓励满意的用户分享他们的购买体验等短视频内容，通过口碑传播吸引更多潜在用户。

（二）付费推广

付费推广需要投入一定的资金，因此需要农村电商短视频运营者根据预算和预期效果进行合理的规划。同时，付费推广也需要重视数据分析和优化，通过监测数据不断调整推广策略，提升推广效果。

1. KOL 合作

与具有影响力的 KOL 进行合作，邀请他们推广农产品短视频。KOL 通常拥有大量粉丝和高度信任度，他们的推荐可以带动更多人关注和购买农产品。

2. 付费推广工具

一些短视频平台提供付费推广工具，如抖音的"DOU+"功能。通过购买推广服务，可以将短视频推荐给更多潜在用户，提高短视频的曝光量和互动率。

3. 赞助活动

赞助或参与和农产品相关的线上、线下活动，如农产品展览会、美食节等。在活动中展示农村电商短视频内容，并通过活动吸引更多人的关注和互动。

4. 搜索引擎营销

在搜索引擎中购买关键词广告，当用户搜索相关关键词时，农村电商短视频广告将展示在搜索结果中。这可以增加用户点击农村电商短视频的机会，提高品牌曝光度。

（三）推广技巧

农村电商短视频运营者在推广短视频时，应该掌握以下技巧。

1. 明确推广目标

短视频运营在不同时期应有不同的推广目标，以确保策略的连贯性和针对性。短视频推广初期目标是建立基础与吸引关注。第一，品牌曝光。通过短视频内容，增加品牌在互联网上的曝光度，让更多人了解品牌。第二，建立粉丝基础。吸引第一批忠实粉丝，为后续的内容传播和销售转化打下基础。短视频推广中后期目标是深化互动与促进转化。第一，增强用户黏性。通过定期发布和推广高质量的内容，增加用户对品牌的依赖和黏性。第二，促进销售转化。在短视频中嵌入购买链接或优惠券，直接引导用户购买。第三，扩大社群影响力。建立或加入相关的社群，与粉丝进行更深入的互动和交流。第四，建立行业地位。通过长期的优质内容输出和品牌形象的塑造，巩固在行业中的地位。

2. 做好推广计划和策略

短视频推广初期通常没有太大影响力，农村电商短视频运营者需要长时间运营和推广短视频账号，这就需要做好推广计划和策略。选择合适的短视频平台，如抖音、快手、微信视频号等，制订发布计划。确定发布时间、频率和渠道，以最大程度地覆盖目标受众。同时制定推广策略，包括付费推广、社交媒体分享、合作推广等。利用多种渠道和方式，提高短视频的曝光量。

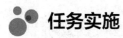 **任务实施**

农村电商短视频发布与推广

任务目的：

结合任务二，在抖音平台上发布与推广制作完成的农村电商短视频，从撰写短视频发布与推广计划中得到启发，结合流量数据进行优化，提升自身的短视频运营能力。

任务流程及内容：

步骤 1：结合"知识储备"中关于农村电商短视频发布的介绍，撰写农村电商短视频发布计划，完善表6-3-1。

表6-3-1　农村电商短视频发布计划表

发布时间	文案描述	热门话题标签	视频封面	是否定位

步骤2：结合步骤1，撰写农村电商短视频推广计划，完善表6-3-2。

表6-3-2　农村电商短视频推广计划表

序号	推广目标	免费推广	付费推广
1			
2			
3			
4			
5			
6			
……			

步骤3：结合步骤1、2，在抖音平台上发布和推广农村电商短视频。

任务思考：

农村电商短视频的发布与推广在哪些方面促进了农村电商的发展？

任务四 农村电商直播运营认知

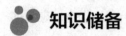 知识储备

一、农村电商直播运营的概念和特点

农村电商直播运营是一种具有创新性、互动性和实效性的模式，目前直播已经成为广大农民生活的重要组成部分，有助于推动农村经济的发展和农民收入的增加。

（一）农村电商直播运营概念

农村电商直播运营是指利用网络平台和直播技术，将农村地区的农产品、手工艺品、特色旅游资源等以视频、音频、图片、文字等形式展示给用户，并通过直播间的互动功能，与用户进行实时沟通，使用户完成咨询、订购、支付等环节，实现农产品等的在线销售。

（二）农村电商直播运营特点

1. 真实性

农村电商直播能够真实还原农产品的生产流程和环境，让用户更加直观地了解农产品的来源和质量。在直播过程中，主播可以实时展示农产品的外观、口感、营养成分等，用户可以直观地了解农产品的真实质量。这种展示方式减少了用户对农产品质量的疑虑，增加了用户对农产品的信任感和购买欲。

2. 互动性

农村电商直播利用直播间的互动功能，让用户与主播进行实时互动，如用户提问，主播可以进行解答与分享经验等。这种互动方式让用户可以感受到主播的真诚和热情，使用户更加信任直播中的产品推荐和购买建议，提高用户的参与感和满意度。

3. 时效性

农村电商直播可以及时响应用户的需求和反馈，快速调整销售策略，增加用户的紧迫感和忠诚度。例如，农村电商直播通常涉及农产品的销售，而这些农产品的季节性、新鲜度等因素对用户来说非常重要。通过直播，主播可以及时更新农产品的信息，包括价格、库存、发货时间等，确保用户在购买时能够获得最准确的信息。这种快速的产品信息更新机制有助于用户做出更加明智的购买决策。

4. 趣味性

农村电商直播可以通过运用趣味性手段，增加用户的兴趣和好感，提高农产品的吸引力和购买率。例如，农村电商直播主播通常具有独特的个性和魅力，他们能够以幽默风趣的语言、生动的表情等吸引用户的关注。

此外，农村电商直播运营还具有低成本、高效率、广覆盖和多赢利的优势。通过网络直播平台，可以减少农产品的中间环节，降低运营成本，提高销售转化率和客单价，拓展销售渠道和增加市场份额，实现农民、主播、平台、政府等各方的共同受益。

二、主流的农村电商直播运营平台

（一）淘宝直播

淘宝直播是阿里巴巴旗下的电商直播平台，拥有庞大的用户群体和成熟的电商生态，是众多农村电商经营者开展直播运营的首选平台之一。农村电商经营者可以通过淘宝直播间（见图6-4-1）进行农产品销售和推广，利用直播互动的特性增加农产品趣味性和吸引力。

（二）拼多多直播

拼多多非常注重下沉市场，致力于服务消费力不高且喜欢低价的三、四线城市人群。这意味着拼多多直播平台更关注农村地区和农民。在直播运营方面，拼多多推出了"农地云拼"模式，通过整合产地直发销售模式、"平台+新农人"的地网体系和"农货中央处理系统"的天网体系，实现了农产品的上行销售。这种模式将各类农产品的生产产区、口感味道、成熟周期、物流条件等数据进行整合，并通过直播形式展示给用户，提高了农产品的曝光度和销售量。图6-4-2所示为拼多多直播间。

（三）抖音直播

抖音平台具有强大的用户画像和数据分析能力，且直播卖货能力非常强，如攀枝花芒果、猫山王榴莲、雷波脐橙等都在抖音直播的带动下成为热门农产品。农村电商经营者只要完成实名认证即可开播，满足相应的条件即可在直播间（见图6-4-3）添加农产品链接。

图6-4-1　淘宝直播间　　　图6-4-2　拼多多直播间　　　图6-4-3　抖音直播间

三、农村电商直播运营的策略

农产品存在季节性较强、物流配送特殊、标准化较弱等问题，可能会导致农产品直播复购率和附加值较低。农村电商经营者需要制定详细的农村电商直播运营策略，提升用户体验和购买转化率。

（一）目标用户定位策略

首先需要确定直播营销的目标用户，包括年龄、性别、地域、消费习惯等方面的特征。深入了解目标用户，有助于制定更加精准的营销策略，提高转化率和销售额。

（二）选品策略

农产品直播的选品策略应该从产品的品质、市场需求、价格竞争力和供应链稳定性等方面考虑。首先了解用户的需求和偏好，选择受欢迎、有市场潜力的农产品；其次选择品质上乘、口感佳、营养丰富的农产品，优质的农产品能够赢得用户的信任和口碑；再次选择价格适中、具有竞争力的农产品，合理的定价策略能够吸引更多的用户；最后选择具有稳定供应链的农产品，能够确保农产品的供应量和品质，避免因货源问题而导致直播销售受到影响。

（三）主播选择策略

农产品直播主播的选择对于直播效果和销售业绩至关重要。主播首先应该具备农业、农产品或相关领域专业背景，通常对农产品有更深入的了解和认知，能够更准确地传递农产品的特点和优势，增强用户的购买信心；其次需要具备较强的亲和力和良好的表达能力，能够与用户建立信任关系并吸引他们的注意力，用清晰、生动的语言描述农产品的特点、用途和优势，激发用户的购买欲望；最后应有良好的沟通和互动能力，能够及时回答用户的问题，解决他们的疑虑，增强用户的参与感和黏性，提高直播的转化率和销售额。

> **案例分析：**
>
> 董宇辉从一位教师主播，一跃成为直播带货领域的知名人物。他能够做到旁征博引，他的直播话术广泛涵盖了人文地理、历史知识等。他在卖大米的时候说："没带你去看过长白山皑皑的白雪，没带你感受过十月田间吹过的微风，没带你去看过沉甸甸的弯下腰，犹如智者一般的谷穗，没带你去见证过这一切，但是亲爱的，我可以让你品尝这样的大米。浪漫不止星空花海，还有烟火人间。"

（四）直播内容策略

直播营销的核心是内容，因此需要注重内容的质量和创意。农产品直播主播可以围绕农产品的知识科普、品质特点、背景文化和烹饪方法等方面，在直播中介绍有趣、有用的内容，吸引用户的关注和留存。

1. 农产品知识科普

农产品直播可以结合一些农业知识，如种植技术、农产品鉴别方法等，让用户在购物的同时也能学到一些有用的知识。这不仅能增加直播的趣味性，也能提升用户对农产品的认知度。

2. 农产品品质特点

在直播过程中，要详细介绍农产品的特点、产地、生长环境等信息，让用户了解农产品的独特之处。同时，可以通过对比、实验等方式，展示农产品的品质和优势，增强用户的购买意愿。

3. 农产品背景文化

首先，通过展示农产品的种植、收获过程，以及农户的日常生活，可以让用户更深入地了解乡村文化和农耕文化，感受到乡村的宁静、自然与和谐。其次，不同的地区有着各自独特的农产品和民俗文化。在直播中，可以介绍当地的民俗风情、传统节日等，让用户在欣赏农产品的同时，也能感受到浓郁的地方特色和民俗文化魅力。此外，一些农产品背后蕴含着传统的制作工艺和智慧。在直播中，可以介绍这些传统工艺的制作过程、历史渊源等，让用户感受到传统工艺的魅力。

4. 农产品烹饪方法

在直播中，可以详细展示农产品烹饪过程，包括食材的准备、调料的搭配、火候的控制等。同时，也可以介绍一些烹饪技巧和注意事项，让用户在学习的同时也能感受到烹饪的乐趣。

> **素质园地：**
>
> 农产品背后所蕴含的文化，是农产品直播内容策略中不可忽视的一部分。农村电商经营者在直播农产品的过程中，应大量收集相关文化资源。深入挖掘和展示这些文化元素，不仅可以增强用户对农产品的认知度和购买意愿，也可以促进乡村文化的传承和发展。

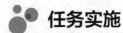 **任务实施**

农村电商直播运营认知

任务目的：

收集并整理"三农"相关的直播账号，观看这些账号中直播的内容，从这些账号的直播运营中得到启发，通过分析其目标用户定位、产品选择、主播风格、内容定位和所在平台，深切感受农村电商直播运营在传播农村产品、服务和文化等方面的强大动力。

任务流程及内容：

结合"知识储备"中关于农村电商直播运营的策略的介绍，收集并整理3个及以上"三农"直播账号，分析其直播运营的策略，完善表6-4-1。

表6-4-1 农村电商直播运营策略汇总表

序号	目标用户定位	产品选择	主播风格	内容定位	所在平台
1					
2					
3					
……					

任务思考：

常见的农村电商直播内容有哪些？在销售农产品和传播农产品文化等方面是如何体现的？

任务五 农村电商直播准备工作

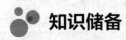 **知识储备**

一、选择和规划农村电商直播产品

选择和规划农村电商直播产品是一项重要工作，农产品的选择、定位和规划等都可能对直播效果产生影响。

（一）农产品的选择

农产品的选择能影响直播的最终销售结果。在选择农产品时，农村电商经营者可以从两个方面进行考虑。一方面是选择具有高品质、符合用户需求的农产品。品质是吸引用户的关键因素之一，因此要确保所选农产品在外观、口感、营养价值等方面达到一定的标准。另一方面是选择区域特色明显、价格合理、复购率高和物流运输稳定的农产品。

素质园地：

农村电商经营者一定要在农产品直播生态中"货"的维度保证标准化的规范和要求，加强选品和品控，把好产品质量关，从源头降低直播带货风险，提升直播带货效果，营造更好的行业氛围，提升行业的规范水准，促进公平网络消费环境。

（二）农产品定位和规划

1. 农产品的定位

农产品的定位是一个多维度、全方位的过程，它涉及农产品的类型、品质、目标市场、消费者需求等多个方面。农产品定位可以分为以下几种。

（1）引流款。引流款是指那些能够吸引用户关注并产生购买欲望的农产品。一般来说，引流款应该具备以下几个特点。价格不能过高，应低于或等于成本价；品质优良；具有独特的卖点或特色，如产地、品种、口感等，能够吸引用户的眼球。引流款可以吸引大量用户进入店铺或平台，从而增加其他产品的销售机会。

（2）福利款。福利款是指价格较低、性价比较高的农产品，主要用于吸引用户、提高复购率和增加用户黏性。福利款通常不追求高利润，而是通过薄利多销的方式，让用户感受到实惠和诚意，从而增加他们对店铺或平台的信任和忠诚度。

（3）利润款。利润款指价格较高、利润空间较大的农产品。这些农产品通常具有独特的品质、口感或稀缺性，能够满足用户对高品质生活的追求。通过利润款的销售，店铺或平台可以提升整体利润水平。

（4）品质款。品质款通常具有较高的品质，能够满足用户对健康、环保、绿色生活的需求。品质款是店铺或平台的核心竞争力之一，通过不断提升品质和服务水平，店铺或平台可以赢得用户的信任和忠诚。

2. 农产品的规划

农产品的规划是一项系统性的工作，是对农产品精细化管理的过程。农产品上架直播间需要按照一定的排品顺序，排品顺序是指主播在实际讲解或购物车链接中安排的先后顺序。一般来说，按照"引流款+福利款+利润款"的顺序，先讲解引流款，将用户引入直播间，再讲解福利款，让用户在直播间多停留，当用户达到一定数值后再重点讲解利润款，确保利润款在大范围人群中的有效触达和转化。一些互补性的商品链接和讲解应安排在一起，方便用户搜索购买，如柠檬和水杯。

二、农村电商直播脚本策划

（一）整场直播活动脚本策划

精心策划的整场直播活动脚本能够确保直播流程顺畅，提高用户的参与度和留存率，同时也能更好地展示产品、服务或品牌。整场直播活动脚本要素如表 6-5-1 所示。

表6-5-1 整场直播活动脚本要素

要素	具体说明
直播目标	明确农村电商直播需要实现的目标
直播简介	对直播的整体思路进行简要的描述，包括直播的流程类型（循环式或过款式）、直播平台选择、直播商品类型定位、直播主题等
人员分工	明确直播团队人员的分工和职责
直播场地、时间	明确直播场地的选择，直播各个时间节点，包括宣传预热的时间点、直播开始和结束的时间点
直播讲解流程顺序	明确各时间段人、货、场的安排以及商品讲解流程顺序
直播宣传方式	宣传平台、宣传方式和宣传内容
活动预算	说明整场直播活动的费用预算情况，以及直播中各个环节所需的预算

整场直播活动脚本范例如表 6-5-2 所示。

表6-5-2 整场直播活动脚本范例

直播目标	吸粉目标：吸引 3 万观众观看，关注转化率达 3%；销售目标：整场直播销量突破 1 万件，销售额达 10 万元		
直播主题	农货节专场		
主播	××、"三农"博主		
直播时间	2023 年 6 月 18 日，20:00—22:30		
直播宣传	直播前一天和前一小时分别在平台上发布直播预告（短视频）		
直播预算	2 万元		
直播类型	循环式直播		
注意事项	① 主播形象与农产品相匹配； ② 及时互动和反馈； ③ 遵守法律法规，不能出现违禁词和违规操作		
直播流程			
时间段	流程安排	人员行动指向	
		主播	后台/客服
20:00—20:10	开场预热	暖场互动；介绍开场福利和抽奖细则，引导观众关注直播间	向粉丝群推送开播通知；收集中奖信息
20:11—20:20	活动剧透	介绍今日特色农产品、主推产品，以及直播间优惠力度	向粉丝群推送本场直播活动
20:21—20:40	讲解商品	分享绿色食品相关故事，并讲解、试吃第一款农产品	在直播间添加商品链接；回复观众关于订单的提问
20:41—20:50	互动	为观众答疑解惑，与观众进行互动	收集互动信息

时间段	流程安排	人员行动指向	
		主播	后台/客服
20:51—21:10	讲解商品	分享农产品背后文化，并讲解、试吃第二款农产品	在直播间添加商品链接；回复观众关于订单的提问
21:11—21:15	福利赠送	向观众介绍抽奖规则，引导观众参与抽奖、下单	收集抽奖信息
21:16—21:40	讲解商品	讲解、试吃第三款农产品	在直播间添加商品链接；回复观众关于订单的提问
21:41—22:20	商品返场	对这三款农产品进行现场讲解	回复观众关于订单的提问
22:21—22:30	直播预告	预告下一场直播的时间、福利、直播商品等	回复观众关于订单的提问

（二）单品直播脚本策划

单品直播脚本是针对一个具体产品进行编写的脚本，内容主要包括品牌介绍、产品介绍、卖点介绍、利益点介绍，以及直播间的各种话术，如留人话术、互动话术、产品介绍话术、成交话术和结束话术等。单品直播脚本的目的是帮助主播在直播过程中，更清晰、更专业地介绍产品，同时通过各种话术和营销手段，提高产品的曝光率和销售量。在直播过程中，主播可以根据单品直播脚本的内容进行灵活调整和发挥，但也需要遵循脚本的基本框架和要点，以确保直播的连贯性和专业性。表6-5-3所示是"雷波脐橙"的单品直播脚本模板。

表6-5-3 "雷波脐橙"的单品直播脚本模板

直播单品脚本		
项目	商品宣传点	具体内容
品牌介绍	品牌理念	雷波脐橙是一种优质的脐橙品种，产自中国四川省雷波县。雷波县被评为中国雷波脐橙知名品牌示范区，雷波脐橙已获得农产品地理标志登记
产品介绍	商品参数	品名、甜度、规格等
卖点介绍	品质保障	支持原产地溯源；品控团队驻扎产地，把控发货品质
	绿色健康	金沙江河谷独有气候，每年1260h充足日照；土壤层次丰富，造就微妙的酸碱度，树根自由伸展；土壤远离污染，获"无公害农产品"认证
	口感丰富	肉质细腻，粒粒果肉；香甜美味，一口爆汁；颗粒饱满，汁水四溢
利益点介绍	直源地发货	在直播间内购买雷波脐橙，直源地发货，无中间商，品质新鲜，价格低
直播时的注意事项		现场展示实物整体和细节；划开脐橙，通过用手挤压展示汁水，通过试吃告知口感

三、布置农村电商直播场景

（一）直播设备

直播设备可以根据直播类型、需求和预算的不同而有所变化。以下是比较常用的直播设备，适用于大多数直播场景。

1. 摄像头

为提升主播形象气质，优化用户视觉效果，直播时可以选用高清摄像头。在市场上，有一些知名品牌的摄像头广受欢迎，它们的画质清晰、性能稳定，并且具有自动对焦和曝光功能。此外，还有一些专为直播设计的摄像头，如图 6-5-1 所示，其具有智能自动对焦和曝光功能，可以自动适应各种环境，非常适合直播使用。

2. 话筒

用于捕捉声音，可以是单独的话筒，也可以是带有话筒的耳机。主播可以根据需要选择适合的品牌和型号。在市场上，有一些适合直播的话筒，如图 6-5-2 所示。此类话筒通常具有良好的音质、灵敏度和噪声抑制功能，并且具有易于使用的接口和控件。

图6-5-1 直播摄像头

图6-5-2 直播话筒

3. 计算机或移动设备

用于处理直播信号和把信号推送到直播平台。特别是用移动设备直播时，其性能直接影响直播的流畅度和稳定性。选择一款配备高性能处理器和足够内存的移动设备，如图 6-5-3 所示，尽量确保直播过程中不会出现卡顿或闪退等问题。

4. 灯光设备

灯光设备是直播中非常重要的一部分，它能够影响直播画面的质量和用户的视觉体验。图 6-5-4 所示的补光灯可以提供额外的光线，使主播和展示物品更加明亮、清晰。补光灯有多种类型，包括环形灯、

图6-5-3 移动设备

球形灯、面板灯等，农村电商经营者可以根据需求选择适合的类型。在选择补光灯时，需要考虑灯光的亮度、色温、均匀性等因素，以确保直播画面的质量和色彩还原度。

5. 支架

支架主要用于支撑和固定摄像头、手机或其他直播设备，以确保直播画面的稳定性和清晰度。图 6-5-5 所示为手机支架。

除了以上基本直播设备外，农村电商经营者还可以根据具体需求添加其他设备，如绿幕、反光板、滤镜等，以提升直播效果。同时，需要注意设备的兼容性和稳定性，以确保直播顺利进行。

图6-5-4　补光灯

图6-5-5　手机支架

（二）室内场景

室内场景的场地大小要根据直播的内容进行调整，单人直播场地标准面积一般为 $8 \sim 15m^2$，团队直播场地标准面积则为 $20 \sim 40m^2$。图 6-5-6 所示为室内直播场景。农村电商经营者要确保场地有足够的空间进行直播活动，并且光线良好、背景整洁。在直播间内，要合理布置环境，搭配补光灯，并添加一些农作物、农具等道具，以提升直播的质量。

图6-5-6　室内直播场景

（三）室外场景

室外直播时可选择与农产品相关的特色场景，如农田、果园、养殖场等，如图 6-5-7 所示。农村电商经营者要确保环境具有农业特色，能够展示农产品的真实生产过程。同时，要考虑光线、天气等因素，选择适合直播的时间和地点。此外，需要选择更加专业的设备来应对复杂的室外直播环境。选择高清的摄像机、话筒、稳定器、补光灯等设备，确保直播画面的清晰度和稳定性，同时还需要考虑网络设备的配置，确保有稳定、高速的网络连接，避免直播中断。

图6-5-7　室外直播场景

案例分析：

东方甄选直播间曾在短短 3h 内销售 12 万单自营脐橙，这场直播的成功离不开直播间场景的设计。直播间场景打造的核心是创造空间美感，而在东方甄选的直播间中，这种美感被充分挖掘。观众通过屏幕不仅能感受到直播内容，还能获得一种舒适、温馨的空间体验，这对于留住观众至关重要。

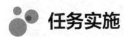

任务实施

农村电商直播准备工作

任务目的：

策划一场农村电商产品的直播，体验农村电商直播的完整流程，撰写直播脚本时要进一步提炼农产品的背景文化与特色卖点，为农产品提供更广阔的市场机会。

任务流程及内容：

步骤1：结合"知识储备"中关于直播脚本策划的介绍，收集三款农产品信息，策划一个整场直播活动脚本，完善表6-5-4。

表6-5-4 整场直播活动脚本

直播目标				
直播主题				
主播				
直播时间		直播宣传		
直播预算		直播类型		
注意事项				
直播流程				
时间段	流程安排	人员行动指向		
		主播	后台/客服	

步骤 2：结合步骤 1，策划所选三款农产品的单品直播脚本，完善表 6-5-5。

表6-5-5 单品直播脚本

直播单品脚本		
项目	商品宣传点	具体内容
品牌介绍		

续表

直播单品脚本		
项目	商品宣传点	具体内容
产品介绍		
卖点介绍		
利益点介绍		
直播时的注意事项		

任务思考：

农村电商直播准备工作在"人、货、场"方面是如何展开的？

任务六　农村电商直播复盘

 知识储备

农村电商直播复盘是直播运营过程中非常重要的环节，其有助于农村电商经营者及时了解直播活动的表现，发现存在的问题，从而为未来的直播活动提供改进的方向。直播复盘分为直播危机舆论处理和直播数据分析。

一、直播危机舆论处理

直播危机舆论处理涉及直播形象的维护、消费者信任的保持以及潜在风险的防控。直播危机舆论处理措施包括快速回应、公开道歉、及时解决问题和加强质量管理等。

（一）快速回应

在危机发生后，农村电商经营者应立即回应消费者的质疑和投诉，展现出对问题的重视和积极解决的态度。农村电商经营者可以通过直播平台、社交媒体等渠道及时发布信息，明确表达立场和解决方案。

（二）公开道歉

如果危机是由于农村电商经营者的失误或不当行为导致的，应公开向消费者道歉，承认错误，并表达改正的决心，有助于重建信任和减少负面影响。

（三）及时解决问题

针对危机中暴露出的问题，农村电商经营者应立即采取措施进行整改和修复。例如，如果是农产品质量问题，可以提供退款、换货等解决方案，并向所有受影响的消费者公开承诺，确保问题得到妥善解决。

（四）加强质量管理

农村电商经营者应重新审视质量管理体系，加强对供应链环节的监控和管理，确保产品质量和服务质量。农村电商经营者可以通过加强内部质量控制和外部合作伙伴的监管，避免类似问题的发生。

案例分析：

2024 年 3 月 15 日，央视曝光"槽头肉制作梅菜扣肉预制菜"，成为了舆论焦点。东方甄选直播间是该商品的带货方，对舆论非常重视，于 3 月 18 日发布情况说明称：东方甄选会为消费者先行垫付退款，同时督促商家尽快提供权威的产品安全性相关证明。如果商家不能提供有力证据，将在垫付全额退费的基础上，进一步为消费者垫付三倍赔偿，并坚决追究商家和生产厂家的责任。此次危机事件处理的速度和态度为东方甄选挽回了口碑。

二、直播数据分析

直播数据分析主要是对流量、农产品和用户互动的数据进行分析和研究。

（一）获取直播数据

1. 直播平台自带的数据中心

这是最直接也是最常见的数据获取方式。以抖音直播为例，主播需要登录自己的抖音账号，然后进入数据中心（见图 6-6-1），查看直播间的各种数据指标，如观看人数、观看时长、平均在线人数等。这些是反映直播间自然流量最直接的数据指标。

2. 直播平台的数据分析工具

直播平台的数据分析工具通常可以提供更详细、更深入的数据分析服务，帮助主播更好地了解自己的直播表现。抖音平台的巨量百应"直播数据"界面如图 6-6-2 所示。

图6-6-1 抖音数据中心界面

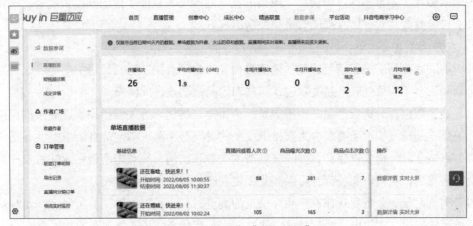

图6-6-2 巨量百应"直播数据"界面

3. 第三方监测工具

第三方监测工具可以实时监测直播间的流量、观众行为等数据，帮助主播及时调整直播策略，这类数据分析平台大部分功能需付费，如蝉妈妈、西瓜数据等平台。蝉妈妈数据分析界面如图 6-6-3 所示。

图6-6-3　蝉妈妈数据分析界面

（二）分析直播间常用数据指标

1. 流量数据

主要包括直播间累计观看人数、平均停留时长和直播间最高在线人数三个指标。

（1）直播间累计观看人数反映了直播的受欢迎程度和影响力。一般来说，累计观看人数越多，说明直播的吸引力和影响力越大。这个数据可以帮助农村电商经营者评估直播效果，以便更好地调整和改进直播策略。

（2）平均停留时长反映了观众对直播内容的兴趣和参与度。平均停留时长越长，说明观众对直播内容的兴趣越高，参与度也越高。这个数据可以帮助农村电商经营者了解直播内容的吸引力与观众的喜好，以便更好地优化直播内容和提高观众的参与度。

（3）直播间最高在线人数是指直播过程中同时在线观看直播的观众数量的最大值，该指标受多种因素影响，如直播内容的质量、主播的受欢迎程度、直播平台的推广力度等。该指标可以帮助农村电商经营者评估直播的效果和观众的喜好。

2. 农产品数据

分析不同农产品的销售情况，包括销售数据、点击率、浏览时长、退货率等。这可以帮助农村电商经营者了解哪些农产品受欢迎，哪些农产品需要改进或调整。

（1）销售数据。分析农产品的销售数量、销售额、转化率等关键指标。这些数据可以反映农产品的受欢迎程度和市场需求，为农村电商经营者调整库存、制定价格策略提供重要依据。

（2）点击率。分析农产品在直播间被点击的次数和比例。高点击率通常意味着农产品吸引了观众的注意力，农村电商经营者可以据此优化农产品展示和推荐方式。

（3）浏览时长。分析观众在农产品详情页的浏览时长。长时间的浏览可能意味着观众对农产品有较高的兴趣，农村电商经营者可以通过优化农产品详情页增强观众的购买意愿。

（4）退货率。分析农产品的退货率和退货原因。高退货率可能意味着农产品存在质量问题或不符合市场需求，农村电商经营者需要及时调整农产品策略以降低退货损失。

3. 用户互动数据

用户互动数据是评估直播效果和观众参与度的重要指标。通过对这些数据的分析，农村电商经营者可以更好地了解观众的喜好和行为习惯，从而优化直播内容和策略，提高观众黏性和转化率。

（1）评论数量与质量。分析直播间内的评论数量、频率以及评论内容的质量。高评论数量可能意味着观众对直播内容有较高的兴趣，而评论内容的质量则反映观众对直播内容的满意度和反馈。

（2）点赞与分享。分析观众对直播内容的点赞和分享数量。高点赞和分享数量可能意味着直播内容受到观众的喜爱和认可，这有助于提高直播的曝光度和吸引更多潜在观众。

（3）互动频率与深度。分析观众在直播间内的互动频率和深度，如参与抽奖、回答问题等情况。高互动频率和深度可能意味着观众对直播内容有较高的参与度和兴趣，这有助于提高直播的活跃度和观众黏性。

素质园地：

掌握直播平台的直播方法以及首页推送规律，学习数据分析、用户分析等技术，有效地提升农村电商经营者能力，利用数字经济的优势，提高农业生产效率和农产品质量，拓展农产品销售渠道和市场，增加农民收入。

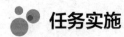 **任务实施**

农村电商直播复盘

任务目的：

实施农村电商直播，直播结束后进行数据复盘，对比数据结果与数据目标，找出直播中存在的问题，为下一次直播提供指导，帮助农村电商经营者制定更加精准和有效的策略，优化农村电商直播环境。

任务流程及内容：

步骤 1：结合"知识储备"中关于数据分析的介绍，写出数据目标和数据结果，完善表 6-6-1。

表6-6-1　直播数据分析表

直播复盘分析数据指标	数据目标	数据结果
直播流量数据分析		
直播农产品数据分析		
直播用户互动数据分析		

步骤2：结合步骤1，找出直播中存在的问题，并写出解决措施，完善表6-6-2。

表6-6-2　直播复盘表

出现问题	主要原因	解决措施

任务思考：

农村电商直播复盘对于农村电商直播运营的改进体现在哪些方面？

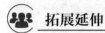

拓展延伸

"三农"短视频传播乡村文化的可持续发展

根据《中国网络视听发展研究报告（2023）》，我国短视频用户的人均单日使用时长为168min，遥遥领先于其他应用。尤其是"三农"领域短视频爆款频出，话题度和影响力引发社会广泛关注。

中国互联网络信息中心（CNNIC）发布的第53次《中国互联网络发展状况统计报告》显示，截至2023年12月，农村地区互联网普及率为66.5%，较2022年12月提升4.6个百分点。短视频作为短时长、易传播的互联网产品在农村迅速普及，成为农民休闲娱乐的新形式和"新农具"。农民既是短视频的用户，同时也是内容生产者、传播者，成为信息时代"新农人"，让农业、农村、农民进入更多人的视野。各个平台通过"乡村守护人""农技人""幸福乡村带头人""乡村英才计划"等扶持活动，进一步加深群体认同。"三农"短视频的特别之处，正是其中对乡村风光的展现，让农村生活、非遗技艺具有扎根乡土的美感，是乡村文化场景独特性的体现。为此，要促进古村落保护、农村人居环境整治、绿化美化生态环境工作，以实现传播乡村文化的可持续发展。

某短视频平台2023年发布的"三农"数据报告显示，最受欢迎的"三农"视频内容中，排名靠前的分别为农村生活、农村美食、"三农"电商、养殖技术等。很多网友在"三农"短视频中观赏乡村自然与人文美景，增加新奇体验，感受向往的诗意田园，放松心灵，舒缓情绪。

🔒 "三农"创业故事

他是红河镇的"老先进"，真心实意为群众办实事，为拓宽农产品销路，主动追赶"时髦"促发展，尝试直播带货，以实际行动不断拓宽乡村振兴路。他就是本次要分享的"三农"创业故事主人公王江堂。请扫码观看。

"三农"创业
学思践悟

项目评价

序号	技能点评价（根据能力目标）	个人自评	组内评价	教师评价
		A.未达标	B.达标	C.精通
1	能够运营农村电商短视频账号			
2	能够制作农村电商短视频，并进行发布和推广			
3	能够策划农村电商直播脚本和布置直播场景			
4	能够科学分析直播数据，完成直播复盘			

序号	素质点评价（根据素养目标）	个人自评	组内评价	教师评价
		A.未达标	B.达标	C.精通
1	强化"三农"情怀、乡村文化融入视频制作的创新意识			
2	将乡村文化融入直播脚本，以文化自信赋能乡村振兴			
3	感受农村电商短视频与直播在赋能乡村振兴中的强大动力			
4	秉持"实事求是"的工作原则，强化数据分析过程中数据真实、方法科学的数据思维			

学习笔记

项目测试

一、单项选择题

1. 农村电商短视频运营的特点不包括（ ）。

    A. 内容丰富多彩   B. 地域特色鲜明   C. 传播范围有限   D. 互动方便及时

2. （ ）可以展示农产品的生长环境、种植过程、收获场景等，让用户了解农产品的真实情况，增加产品的信任度。

    A. 农产品展示   B. 农业知识普及

    C. 农村生活体验展示   D. 农业丰收展示

3. 农产品直播的（ ）策略应该从产品的品质、市场需求、价格竞争力和供应链稳定性等方面考虑。

    A. 选品   B. 主播选择   C. 目标用户定位   D. 直播内容

4. 室内直播场景的场地大小要根据直播的内容进行调整，单人直播场地标准面积一般为（ ）。

    A. $8 \sim 15m^2$ B. $20 \sim 40m^2$ C. $40 \sim 60m^2$ D. $60 \sim 80m^2$

二、多项选择题

1. 拍摄农村电商短视频需考虑（ ）方面。

    A. 拍摄设备   B. 脚本   C. 拍摄手法   D. 场景选择

2. 农村电商直播运营特点包括（ ）。

    A. 真实性   B. 互动性   C. 时效性   D. 趣味性

3. 在农村电商短视频发布过程中，关于热门话题标签的描述正确的是（ ）。

    A. 用户在社交媒体和短视频平台上搜索频率较高的关键词

    B. 文案中适当添加合适的热门话题标签，可以提高视频的曝光率

    C. 话题标签通常以"@"开头

    D. 热门话题标签是短视频的重要流量入口

4. （ ）属于农村电商直播的室外场景。

    A. 农田   B. 果园   C. 自建房内   D. 养殖场

5. 直播危机舆论处理措施包括（ ）等。

    A. 快速回应   B. 冷处理   C. 及时解决问题   D. 加强质量管理

三、判断题

1. 短视频平台用户基数大，活跃度高，短视频可以迅速传播，扩大品牌知名度和影响力。

    （ ）

2. 农村电商短视频的内容只能围绕农产品进行创作。 （ ）

3. 景别是指由于摄影机与被摄体的距离不同，而造成被摄体在镜头画面中呈现出范围大小的区别。

    （ ）

4. 在直播过程中，不用介绍农产品的特点、产地、生长环境等信息，只需要让观众了解产品本身即可。

    （ ）

5. 农产品数据是评估直播效果和观众参与度的重要指标。 （　　）

四、填空题

1. 农村电商短视频运营是指利用_____平台开展农村电商活动的过程。

2. 通过短视频展示农村的生活场景、风土人情、乡村文化等，让用户感受到农村的独特魅力和浓厚的地方特色属于_____展示。

3. 将制作好的短视频分享到各大社交媒体平台，如微信、微博、抖音、小红书等，属于免费推广方法中的_____。

4. _____指价格较高、利润空间较大的农产品。

5. _____反映了观众对直播内容的兴趣和参与度。

五、简答题

1. 简述农村电商短视频的概念和特点。

2. 直播复盘中的农产品数据包括哪些数据指标？分析农产品数据有什么作用？

农村电商供应链管理

项目七

学习目标

◎ **知识目标**

了解农村电商供应链的特点及重要性。

熟悉农村电商不同供应链模式的运作机制和特点。

掌握农产品采购计划制订、供应商选择与评估的基本方法。

理解农产品库存控制方法及仓储安全管理的要点。

掌握农村电商物流服务需求分析的内容及物流服务商选择的考虑因素。

◎ **能力目标**

能够分析农村电商供应链案例，提取其关键特点和成功因素。

能够分析不同供应链模式的优劣势。

能够根据实际需求，制订农产品采购计划，并拟定合适的供应商评价体系。

能够运用库存管理方法进行库存控制，设立合理的安全库存。

能够根据物流服务需求，选择合适的物流服务商。

◎ **素养目标**

培养系统思维，能够从整体和局部的角度分析农村电商供应链问题。

增强风险意识，能够在供应链管理中识别和评估潜在风险。

激发创新思维，探索农村电商供应链的新模式、新方法。

培养团队协作精神，能够在团队中有效沟通和协作，共同解决供应链管理问题。

关注乡村振兴，增强社会责任感，为农村电商供应链发展贡献力量。

思维导图

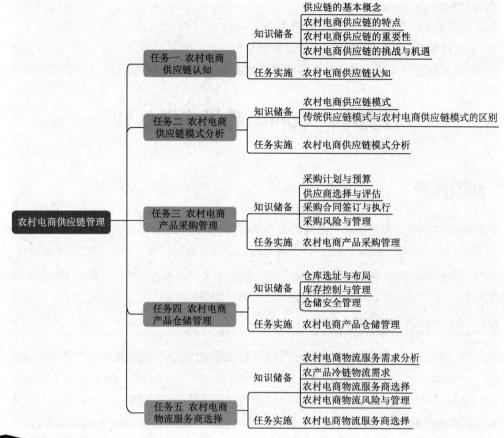

引导案例

京东生鲜的供应链管理革新

　　京东生鲜作为京东旗下的生鲜电商平台，一直致力于为消费者提供新鲜、高质量的农产品。为了实现这一目标，京东生鲜在供应链管理上进行了深入的革新。

　　首先，京东生鲜与全国各地的农场和农户建立了紧密的合作关系。京东生鲜不仅与大型农场合作，还积极扶持小型农户，通过技术手段帮助他们提高农产品质量，并确保农产品的稳定供应。这种合作模式不仅保证了农产品的源头质量，还促进了农业的可持续发展。

　　其次，在仓储管理方面，京东生鲜采用了先进的冷链物流技术，建立了大规模的冷链物流中心，配备专业的温控设备和管理系统，确保农产品在整个仓储过程中的新鲜度和品质。此外，京东生鲜还利用物联网技术和大数据分析，对仓储环境进行实时监测和调整，以提供最佳的储存条件。

　　接着，京东生鲜与多家知名物流公司合作，建立了高效的配送网络。通过优化配送路线和利用智能调度系统，京东生鲜能够确保农产品在最短的时间内送达消费者手中。同时，京东生鲜还提供了多种配送方式，如次日达、当日达等，以满足不同消费者的需求。

　　除了以上措施，京东生鲜还注重数据驱动的供应链管理，收集并分析消费者购买行为、销售数据等信息，以预测市场需求，并据此调整采购计划和库存管理策略。这种数据驱动的管理方式帮助京东生鲜更好地把握市场动态，提高供应链的灵活性和响应速度。

案例思考：

认真阅读案例，思考并回答以下问题。

1. 在农村电商中，供应链的实际应用有哪些？
2. 京东生鲜的供应链管理还存在哪些需要完善的地方？

任务一　农村电商供应链认知

 知识储备

农村电商供应链作为连接农产品与消费者的桥梁，在实现农产品上行、助力农民增收方面发挥着举足轻重的作用。2024年，商务部等九部门联合发布的《关于推动农村电商高质量发展的实施意见》要求，推动数字赋能供应链下沉，形成集货、加工、配送、网销等统一供应链条，提高农产品上行效率，为农村电商供应链的优化和升级提供了政策指引。

一、供应链的基本概念

供应链是指在生产及流通过程中，围绕核心企业的核心产品或服务，由所涉及的原材料供应商、制造商、分销商、零售商及最终用户等形成的网链结构。国家标准《物流术语》（GB/T 18354—2021）规定：供应链管理是从供应链整体目标出发，对供应链中采购、生产、销售各环节的商流、物流、信息流及资金流进行统一计划、组织、协调、控制的活动和过程。

在农村电商领域，供应链涉及农产品的生产、加工、销售等多个环节，是实现农产品从田间到餐桌的关键链条。

> **案例分析：**
>
> 阿里巴巴的农村淘宝项目就是一个典型的供应链应用案例。该项目通过建立农村电商服务站，将供应链的各个环节连接起来，包括农产品供应商（农户）、分销商（电商平台）、零售商（农村电商服务站）和最终用户（消费者）。阿里巴巴通过提供技术支持和物流服务，帮助农产品走出大山，走进城市，实现了农产品的快速流通和增值。

二、农村电商供应链的特点

相较于传统供应链，农村电商供应链在地域分布、产品特性及物流需求等方面呈现出独特的特点。

第一，农产品的分散性和季节性是农村电商供应链的显著特征。由于农产品主要来源于分散的农户等小规模生产者，这使得供应链的管理变得更为错综复杂。同时，农产品鲜明的季节性要求供应链能够快速调整策略，以适应市场需求的变化。

第二，农产品易腐、保质期短的特性对供应链的存储和管理提出了更高要求。农村电商供应链必须更加注重农产品质量控制和食品安全管理，以确保农产品在整个供应链过程中的新鲜度和安全性。

第三，物流的复杂性也是农村电商供应链面临的一大挑战。农村地区基础设施相对薄弱，物流成本高、效率低、配送难度大等问题屡见不鲜，因此改善物流配套设施设备、创新技术手段成为解决这些问题的关键。

第四，农村电商供应链在信息化方面有待提升。信息不对称与流通不畅往往导致供应链效率低下和市场反应迟钝。加强信息化建设、提高信息流通效率是农村电商供应链发展的重要方向。

三、农村电商供应链的重要性

农村电商供应链对农产品流通、农民增收和农村经济发展具有重要意义。首先，农村电商供应链打破了传统农产品流通的时空限制，扩大了农产品的销售市场，提高了农产品的流通效率。其次，通过参与农村电商供应链，农民能够接触到更广阔的市场和更多的消费者，从而获得更多的商机和增收渠道。最后，农村电商供应链的发展也推动了农村经济的整体发展，促进农村的产业结构调整和转型升级。

> **素质园地：**
>
> 广大青年应该响应党中央的号召，发挥自己的聪明才智，主动作为，充分利用各种平台资源，帮助农民将农产品销售出去，减少中间环节和流通成本，提高农产品流通效率，推进乡村振兴。

四、农村电商供应链的挑战与机遇

农村电商供应链在发展过程中既面临诸多挑战，也孕育无限的机遇。挑战方面，基础设施落后、人才匮乏和市场监管不足等问题制约了农村电商供应链的发展。例如，一些偏远地区的交通和通信设施仍然不完善，导致物流效率低下；同时，缺乏专业的供应链管理人才也是制约农村电商供应链发展的关键因素之一。机遇方面，技术创新、市场需求增长及政策支持等为农村电商供应链的发展提供了广阔的空间和动力。例如，随着5G、物联网等技术的不断应用和创新，农村电商供应链的物流效率和信息化水平得到进一步提升；同时，政府对农村电商的扶持政策也为该领域的发展提供了有力的保障和支持。农村电商供应链未来发展趋势如图7-1-1所示。

图7-1-1 农村电商供应链未来发展趋势

案例分析：

顺丰速运针对农村电商供应链面临的挑战和机遇，推出了综合性的农村物流解决方案。该方案通过整合顺丰的物流资源和技术优势，为农村地区提供高效、便捷的物流服务。针对基础设施落后的问题，顺丰加大了对农村地区的物流设施建设投入，提高了物流覆盖率；同时，通过与当地政府和企业合作，共同培养电商人才，缓解人才匮乏的问题。在市场需求增长和政策支持的机遇下，顺丰还积极拓展了新的业务领域，进一步巩固其在农村电商供应链领域的领先地位。

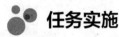 **任务实施**

农村电商供应链认知

任务目的：

通过收集、整理并分析农村电商供应链的典型案例，全面理解农村电商供应链的特点及其在促进农村经济发展方面的重要性。

任务流程及内容：

步骤1：结合"知识储备"中关于农村电商供应链认知的介绍，阅读相关文献和资料，收集并整理3个农村电商供应链的典型案例，分析其供应链的特点及其供应链与传统供应链的区别，完善表7-1-1。

表7-1-1 农村电商供应链案例汇总表

序号	案例名称	供应链特点	与传统供应链的区别
1			
2			
3			

步骤2：结合步骤1，从市场拓展、农民增收、农产品品质、农产品品牌价值、销售模式创新等方面，分析案例中的农村电商供应链给当地农村经济发展带来的改变，完善表7-1-2。

表7-1-2 农村电商供应链给当地农村经济发展带来的改变

序号	案例名称	给当地农村经济发展带来的改变
1		
2		
3		

任务思考：

农村电商供应链除了在促进农村经济发展方面具有重要作用，在社会治理、乡村数字经济等方面还有哪些巨大价值？

任务二　农村电商供应链模式分析

知识储备

随着农村电商的发展，各种类型的农村电商供应链模式打破了传统农产品销售的地理限制，成为新时代农村经济发展的重要引擎。多样化的供应链模式促进了农村产业结构的优化升级，带动了农民增收致富，同时也为消费者提供了更加多样化和个性化的选择。

一、农村电商供应链模式

农村电商供应链模式包括 B2B 模式、B2C 模式、C2C 模式、F2C 模式、O2O 模式、B2B2C 模式及 S2B2C 模式。

（一）B2B 模式的供应链管理

B2B（Business to Business）模式即企业对企业的电子商务模式，企业之间通过专用网络或互联网进行数据信息交换和传递，以开展交易活动。这种模式旨在帮助企业降低经营成本、提高交易效率，并促进企业间的合作。农村电商 B2B 模式的供应链管理主要发生在农产品供应商与农产品加工企业、批发商之间，通过电商平台，农产品供应商可以发布产品信息，与下游企业建立长期合作关系，实现大宗农产品的交易。

（二）B2C 模式的供应链管理

B2C（Business to Consumer）模式即企业对消费者的电子商务模式，企业通过互联网建立网上商店，直接面向消费者销售产品和服务，消费者通过网络在网上商店下单，完成支付。对于农村电商而言，这种供应链模式常见于农产品电商平台或品牌官网。企业通过线上平台展示和销售农产品，消费者下单后，产品由企业直接配送到消费者手中，形成了较为成熟和固定的供应链运作体系。

（三）C2C 模式的供应链管理

C2C（Consumer to Consumer）模式即个人对个人的电子商务模式，个人农户或小型农业生产者可以通过电商平台将自己的农产品销售给其他消费者。电商平台通常提供交易撮合、支付结算和物流服务，帮助买卖双方完成交易。

（四）F2C 模式的供应链管理

F2C（Farm to Consumer）模式即农场直供消费者的电子商务模式，农产品直接从农场或农户送达消费者手中，省去了中间环节。这种模式强调农产品的新鲜度和品质，通常通过预售、定制等方式进行销售。该模式可以提供高品质的农产品，快速建立消费者的信任感，适用于对生活品质有较高追求的消费群体，同时也受制于场地和非标准化生产的影响，稳定性较差，目前市场空间比较有限。

（五）O2O 模式的供应链管理

O2O（Online to Offline）模式即线上线下结合的电子商务模式，消费者可以在线上平台浏览、选择农产品，并到线下实体店体验、取货。传统零售商拥有天然的线下推广优势，消费者在线下实体店能够亲自观察农产品的新鲜度、检测农产品质量、更真实地了解农产品信息等。O2O 模式结合了线上购物的便利性和线下实体店的信任感，有助于提升消费者的购物体验，是传统的农产品生鲜店铺可以选择的发展方式。

> **案例分析：**
>
> 鲜果乐园是一家传统的水果店，面对电商的冲击，店主小王决定尝试实施 O2O 模式以适应新市场环境。他在当地的电商平台开设了线上店铺，展示店内的各种新鲜水果，并提供快速配送服务。同时，小王还在店内设置了体验区，消费者可以在店内亲自挑选、品尝水果，享受线下购物的乐趣。为了满足消费者对水果品质的追求，鲜果乐园还提供了水果溯源服务，让消费者更加放心地购买。
>
> 自从实施 O2O 模式后，鲜果乐园的销售额大幅提高。许多消费者表示，他们喜欢在线上浏览并下单，也喜欢到店里亲自挑选、取货，享受线上线下结合的购物体验。小王也表示，O2O 模式让他的店铺焕发了新的活力，不仅增加了客流量，还提升了店铺的知名度。

（六）B2B2C 模式的供应链管理

B2B2C（Business to Business to Consumer）模式是一种电子商务类型的网络购物商业模式，第一个 B 指的是商品或服务的供应商，第二个 B 指的是从事电子商务的企业，通常称为平台，该模式结合了 B2B 和 B2C 的特点，平台既服务于企业间的交易，也向消费者直接销售产品。B2B2C 模式将农产品生产商、经销商和消费者紧密地连接在一起，把从生产、分销到终端零售的资源进行全面整合，整条供应链是一个从创造增值到价值变现的过程。

（七）S2B2C 模式的供应链管理

S2B2C（Supply Chain Platform to Business to Consumer）模式即供应链平台到企业到消费者的电子商务模式，是一种集合供货商赋能于渠道商并共同服务于消费者的全新电子商务营销模式。在这种模式下，由平台提供供应链整合服务，帮助企业提高采购效率和销售能力，强调供应链的优化和协同，有助于降低整体运营成本。

> **素质园地：**
>
> 随着乡村振兴战略的深入，众多"新农人"回乡创业，成为"创业一代"。他们中有大学毕业生，也有经验丰富的农民工。受国家政策与地方政府的支持，他们投身现代农业，化身为"新型职业农民"，为乡村振兴带来新理念、新模式与新动力。

二、传统供应链模式与农村电商供应链模式的区别

在传统供应链模式下，农产品供应链较为冗长，涉及多个中间环节，导致信息传递不畅，供应链效率低下，农产品在农户手中的价格和在市场上的价格差异巨大，农民增收困难。而农村电商供应链模式实现了农产品从生产到消费的直接对接，使得信息传递更加高效和透明；在交易方式上，农村电商供应链模式打破了地域限制，拓宽了市场范围；新兴的 B2B2C、S2B2C 等农村电商供应链模式还为农民提供了多样的增值服务，如数据分析、品牌建设等，帮助农民

更好地了解市场需求，提升产品附加值和竞争力，推进优质农产品标准化，有效推动了农村经济发展，实现了农民增收。

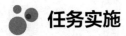 **任务实施**

农村电商供应链模式分析

任务目的：

选择两种农村电商供应链模式，搜集相应的典型案例，开展案例分析，加深对农村电商供应链模式实际运作情况的了解。深入思考不同供应链模式在农村电商中的实际应用，分析其优劣势，对未来供应链模式发展进行思考。

任务流程及内容：

步骤1：结合"知识储备"中关于农村电商供应链模式的介绍，选择两种农村电商供应链模式下的典型案例，收集相关数据和信息，完善表7-2-1。

表7-2-1 农村电商供应链模式案例汇总表

序号	案例名称	供应链模式	案例主要内容
1			
2			

步骤2：结合步骤1，列明两种农村电商供应链模式的运作机制、盈利模式及主要参与者，完善表7-2-2。

表7-2-2 农村电商供应链模式的运作机制、盈利模式及主要参与者

案例	供应链模式	运作机制	盈利模式	主要参与者
案例1				
案例2				

步骤3：对比这两种农村电商供应链模式在农产品流通效率、销售渠道拓展、农民增收等方面的优劣势，完善表7-2-3。

表7-2-3 农村电商供应链模式对比项目优劣势

对比项目	供应链模式：		供应链模式：	
	优势	劣势	优势	劣势
农产品流通效率				
销售渠道拓展				
农民增收				

任务思考：

查阅其他国家的农村电商发展情况，了解不同国情下的供应链模式，思考有哪些内容值得借鉴和参考。

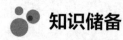

任务三 农村电商产品采购管理

知识储备

随着农村电商的不断发展，采购管理也成为其不可或缺的一部分。这个过程涵盖了从确定采购需求、寻找供应商、进行价格谈判，到最终签订合同并完成支付的所有环节。因此，深入了解和掌握农村电商采购计划与预算、供应商选择与评估、采购合同签订与执行以及采购风险与管理，对更好地参与和推动农村电商发展具有十分重要的现实意义。

一、采购计划与预算

（一）制订采购计划

农村电商产品采购计划主要是根据市场需求、农产品供应情况及季节性变化等因素制订的。具体来说，采购计划需要考虑农产品的种类、数量、品质、价格及采购时间等要素。

（二）编制采购预算

编制采购预算是确保农村电商组织运营顺利进行的重要步骤，它涉及对所需产品和服务的成本进行合理估计。编制采购预算的基本步骤包括明确采购需求、市场调研与价格分析、成本估算、预算编制、预留预算余地、审查与审批预算、执行与监控等。通过以上步骤，可以有效地编制出符合农产品采购实际需求的采购预算，为农村电商发展提供有力保障。

二、供应商选择与评估

（一）农产品供应商类型

农产品供应商可以根据产品、售后服务以及供应链参与程度三个维度的分工和完成情况分为以下几类。

第一类，品牌产地生鲜供应商。这种供应商基本上可以完成农产品收集、标准化整理和包装、农产品品牌建设三大步骤。

第二类，原产地生鲜供应商。这种供应商在生产地区具备生产能力，大多是当地的大农民或农民专业合作社的核心成员。他们可以基本完成农产品的标准化包装，但不能独立完成农产品的品牌建设和渠道推广。

第三类，产品生鲜供应商。他们类似于传统农产品渠道中的"原产地经纪人"，即原产地批发商。这类供应商没有产地资源，但他们有一定的产品标准化和品牌运营能力。他们中的一些人深入研究多种当地农产品，另一些人并不局限于一次一种产品，而是专注于不同生产季节的一种或两种产品。这类供应商不仅需要生产产品，还经常需要运营自己代理的微型企业团队。

（二）建立供应商评价体系

一般来说，农产品供应商评价体系主要包括以下几个方面。

1. 产品质量

评估供应商在农产品生产、加工和储存过程中的质量控制措施。这包括农产品的外观、口感、营养成分及是否符合相关标准和规定。

2. 交货期

考察供应商是否能按时、按量提供农产品，以及其在面临突发情况时的应变能力。这关系到供应链的稳定性和可靠性。

3. 价格

分析供应商提供农产品的价格是否合理。

4. 服务

评估供应商在行业内的声誉和口碑，以及其与合作伙伴的关系。这可以通过查看客户评价、行业报告等方式进行。

案例分析：

湖南省泸溪县因地制宜，通过科学种椒，打造辣椒产业带。"泸溪玻璃椒"先后获得无公害生产基地证书和湖南省绿色食品 A 级证书。泸溪县喜农食品有限公司采取"公司+合作社+村集体+农户"的模式，充分发挥辣椒专业合作社的带头作用和椒农种椒经验丰富的优势，形成了以"泸溪玻璃椒"为"拳头"产品的品牌效应。2023 年，泸溪县年产鲜椒 6.38 万吨，干椒 0.105 万吨，产值达 2.488 亿元，辣椒产业已成为泸溪县农民发家致富的火红产业。

三、采购合同签订与执行

农村电商采购合同的签订与执行涉及多个关键步骤，具体介绍如下。

（一）合同签订

农村电商采购合同的签订包括需求确认与选择、供应商背景调查、合同洽谈。

1. 需求确认与选择

在电商平台上广泛搜索和筛选出符合需求的农产品。

2. 供应商背景调查

在确定产品和供应商后，调查供应商的背景，包括信誉度、资质、销售记录等，以确保选择的供应商是可信赖的。

3. 合同洽谈

在与供应商洽谈合同时，需要明确产品规格与要求、价格与交付方式、违约责任与索赔条件，以及合同解决争议的方式，确保双方权益得到保障。

素质园地：

知识拓展

签订采购合同是一件非常重要的事情，需要认真对待。在签订采购合同的过程中，要保持清醒的头脑，仔细审查每一个细节。只有这样，才能确保采供双方合作顺利。

（二）合同执行

农村电商采购合同的执行包括采购订单生成、物流选择、货款支付。

1. 采购订单生成

确定采购产品后，生成采购订单。

2. 物流选择

合同确认后，需要选择物流方式，确保货物按照约定的交货期准时送达，并进行验收。

3. 货款支付

收到供应商的货物，验收合格后，按照合同要求支付货款。

四、采购风险与管理

农村电商采购风险主要涉及价格波动、质量安全、物流配送等方面。为了有效管理这些风险，农村电商经营者需要采取一系列措施来确保采购过程的顺利进行。农产品质量安全追溯系统如图 7-3-1 所示，该系统可以确保农产品采购质量。

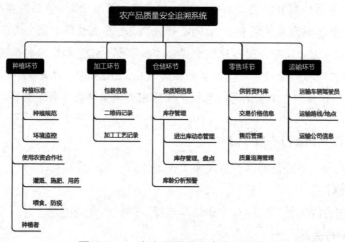

图7-3-1　农产品质量安全追溯系统

案例分析：

近年来，浙江省松阳县坚持以国家电子商务进农村综合示范项目为引领，把发展以茶产业为主导的农村电子商务作为推进共同富裕的重要抓手，切实撬动生态产品价值高效转换，为山区快速发展找到了一把推动乡村振兴、促进共同富裕的"金钥匙"，着力探索"电商兴农·争当共同富裕模范生"的新路径。

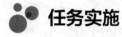 **任务实施**

农村电商产品采购管理

任务目的：

通过农产品调研、供应商选择指标体系的建立与草拟采购合同，深入理解农村电商采购管理的发展现状及其影响因素，为优化农村电商采购管理流程、提高采购效率和质量提供有力支持。全面理解农村电商产品采购推动农村电商产业的健康发展，促进农产品上行和乡村振兴等方面的价值。

任务流程及内容：

步骤1：结合"知识储备"中关于农村电商采购管理的介绍，阅读相关文献和资料，将所在地区某一类农产品（如水果、蔬菜等）作为采购调研对象，完成表7-3-1。

表7-3-1 农村电商采购调研对象

采购调研对象		
地区	农产品	简要描述

步骤2：调查该地区农产品的市场行情、供应商情况以及采购需求，完成表7-3-2所示的农村电商采购行情调查表。

表7-3-2 农村电商采购行情调查表

序号	调研内容	简要描述
1	市场行情	价格趋势分析：
		市场需求分析：
2	供应商情况	供应商数量与分布：
		供应商信誉与实力：
		合作意愿与条件：
3	采购需求	采购量与周期：
		品质要求与标准：

步骤3：结合步骤2，拟定该农产品的供应商选择指标体系（如产品质量、价格、交货期、售后保障等），完成表7-3-3。

表7-3-3 供应商选择指标体系表

序号	一级指标	二级指标
1	产品质量	
2	价格	
3	交货期	
4	售后保障	

步骤 4：从采供双方的权利义务和违约责任等方面，草拟一份采购合同，以尽可能防范采购过程中的风险。

任务思考：

通过电商平台，农产品可以更直接、更广泛地接触到消费者，打破了传统农产品流通的局限性，为农民提供了更多的销售渠道和机会。而农产品的质量和安全问题一直是消费者关注的焦点，思考如何在采购过程中确保农产品的质量和安全。

任务四　农村电商产品仓储管理

 知识储备

农村电商产品仓储管理是农村电商发展的重要一环。随着农村电商的蓬勃发展，农产品仓储管理的重要性日益凸显。它涉及农产品的储存、分类、保管和配送等多个环节，对保障产品质量、提高物流效率、降低运营成本具有至关重要的作用。有效的农产品仓储管理，能够确保农产品在流通过程中的新鲜度和品质，提升消费者的购物体验，为农村电商的健康发展提供有力支撑。

一、仓库选址与布局

根据农产品的特点和物流需求选择合适的仓库地点与布局方式，尽可能地提高仓储效率和降低运营成本。

> **知识链接：**
> 常见的农产品仓储方式分为地下仓储、露天堆放和立体仓储。

知识拓展

> **案例分析：**
> 为加快补齐"最先一公里"冷链物流短板，提升乡村产业链供应链现代化水平，2023 年 7 月 24 日，云南省农业农村厅印发《云南省农产品产地仓储保鲜冷链物流建设三年行动方案（2023—2025 年）》。

仓库的布局需要根据业务动线进行合理规划。按采购卸货、食材存放、食材分拣加工、客户商品投筐、装货出库的业务流程，相应规划出卸货区、食材存放区、分拣加工区、客户投筐区、装货出库区等区域，然后对每一个区域进行更深入的细分。

二、库存控制与管理

农村电商经营者可以采用先进的库存管理方法和技术手段进行库存控制与管理，如 ABC 分类法、经济订货量和安全库存，避免库存积压和浪费现象发生，同时做好库存预警和补货计划安排工作。

ABC分类法是基于库存物资消耗数量和价值大小进行分类管理的方法，这种方法旨在通过有针对性的管理策略优化库存管理、节约成本并提高效率。在农村电商仓储管理中，ABC分类法是基于农产品的重要性和销售情况进行分类的。

经济订货量（Economic Order Quantity，EOQ），通过平衡采购、进货成本和保管、仓储成本以实现总库存成本最低的最佳订货量。经济订货量是固定订货批量模型的一种，可以用来确定企业一次订货（外购或自制）的数量。当企业按照经济订货量订货时，可实现订货成本和储存成本之和最小化。

安全库存是为应对未来物资供应或需求的不确定性因素（如大量突发性订货、交货意外中断或突然延期等）而准备的缓冲库存。其大小取决于供应和需求的不确定性、顾客服务水平（或订货满足率），以及缺货成本和库存持有成本。顾客服务水平较高，则安全库存量增加并导致缺货成本较低，而库存持有成本较高；相反，顾客服务水平较低，则安全库存量减少并导致缺货成本较高，而库存持有成本较低。安全库存计算的公式为：安全库存 =（预计最大消耗量-平均消耗量）× 采购提前期。

> **知识链接：**
> 安全库存计算还可以采用标准差方法、服务水平方法和模拟仿真方法。
>
> 知识拓展

三、仓储安全管理

农村电商产品的仓储安全管理包括农产品仓库环境与设施管理、农产品储存与摆放管理、温湿度与通风管理、防火与消防安全管理、病虫害防治与卫生管理、人员出入库管理等。仓储安全管理要制定一定的要求并严格执行，才能保证仓储安全。

> **素质园地：**
> 无论身处哪一岗位，安全意识都至关重要。仓库管理员需要时刻保持警惕，严格遵守安全规定，确保仓库内物品有序摆放，防止火灾、盗窃等安全事故的发生。同时，还需定期检查仓库设施，及时发现并处理潜在安全隐患。只有具备高度的安全意识，才能有效保障仓库安全稳定运行。

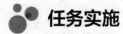 **任务实施**

农村电商产品仓储管理

任务目的：

选择某一农村电商仓库，完成仓储分析，进行ABC分类、计算最佳订货量和订货周期、设立安全库存等仓储管理工作，通过制定仓储安全管理制度提升安全意识。

任务流程及内容：

步骤1：选择一个实际存在的农村电商仓库进行调查，了解该仓库的产品种类、布局、设施设备，分析其选址的合理性，完善表7-4-1。

表7-4-1　仓库情况调查表

仓库名称	仓库产品种类	仓库布局	仓库设施设备	仓库选址合理性

步骤2：根据仓库情况调查表，对库内农产品进行 ABC 分类，根据产品的重要性和销售情况确定库存策略，完善表7-4-2。

表7-4-2　ABC分类表

A类	B类	C类
库存策略：	库存策略：	库存策略：

步骤3：调查库内某一农产品，运用经济订货量模型，计算该农产品的最佳订货量和订货周期，然后设立安全库存，以应对市场需求波动和供应链风险，完善表7-4-3。

表7-4-3　库存控制计算

产品名称	计算过程	最佳订货量	订货周期	安全库存

步骤4：制定仓储安全管理制度，明确农产品管理要求和各项安全防护措施，填写表7-4-4。

表7-4-4　安全管理制度

仓库仓储安全管理制度

任务思考：
目前我国农村电商的仓储管理水平如何？你知道哪些提升仓储管理水平的方法或工具？

任务五　农村电商物流服务商选择

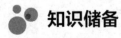 **知识储备**

农村电商物流服务商的选择是一个综合性的决策过程，需要综合考虑服务商的专业能力、服务网络覆盖范围、配送能力、成本效益以及售后服务等因素。农村电商经营者需要深入了解和掌握农村电商物流服务需求、选择适宜的农村电商物流服务商、针对可能出现的风险提前做

好防范准备工作，为农村电商发展奠定坚实的物流基础，确保农产品能够高效、安全地流通到市场，进而推动农村经济的繁荣。

一、农村电商物流服务需求分析

在农村电商领域，明确物流服务需求是确保农产品顺利流通、满足市场和消费者期望的关键。物流服务需求分析一般包括运输方式选择、运输时效、运输要求、费用预算 4 个方面。

（一）运输方式选择

考虑到农产品的特性和农村地区的地理、交通条件，必须谨慎选择合适的运输方式。陆运因其灵活性和相对较低的成本，常常成为首选。然而，针对远距离运输或需要快速到达的情况，空运可能更为合适。海运则适用于运输大宗、非急需的农产品。

（二）运输时效

运输时效是农产品电商物流的核心要素之一。由于农产品具有季节性、易腐性等特点，因此运输时效尤为关键。农村电商经营者应根据农产品的保鲜期、市场需求以及消费者的期待送达时间，设定合理的运输时效标准。

（三）运输要求

农产品运输中的冷链运输是确保生鲜产品品质的关键环节。对于需要进行冷链运输的农产品（如生鲜、果蔬等），农村电商经营者必须确保在整个运输过程中为其维持恒定的温度和湿度条件。这要求选择具备冷链运输能力的物流服务商，并明确其在整个供应链中的责任和义务，以确保农产品的质量和安全。

（四）费用预算

费用预算是农村电商运营中的重要考量因素。在制定物流服务方案时，需要根据农产品的价值、运输距离、运输方式以及市场定价策略综合评估物流成本，并在满足服务质量和运输时效的前提下，努力实现成本优化。

案例分析：

在农村，道路狭窄崎岖，村民采买日常用品费时、费力。"美团优选"的出现极大改变了这一状况，为农村带来了新的购物方式。"美团优选"的商品种类繁多，从有机大米到日化用品，村民下单后次日即可送达。这种"预购+自提"模式实现了按需集中采购，降低了运输、存储成本，商品更新鲜、价格更实惠。在购物和收货中遇到问题时，村民可通过"美团优选"的售后支持解决。此外，"美团优选"与电商服务网点的融合，不仅为村民带来便利，也助力了乡村振兴，缩小了城乡购物体验差距。

二、农产品冷链物流需求

农产品冷链物流是一个复杂而关键的领域，它确保了生鲜农产品在从生产到消费的过程中都保持在适当的低温环境下，从而最大限度地保持新鲜度和品质。随着人们对食品安全和品质的要求不断提高，生鲜农产品冷链物流的重要性也日益凸显。农村电商经营者通过加强技术创新、提升管理水平和完善监管体系，可以更好地保障生鲜农产品的质量和安全，满足消费者的需求。

知识链接：

随着人们生活水平的提高，我国居民的消费结构和需求发生了很大的变化。生鲜农产品越来越受到消费者的欢迎，市场份额越来越高，发展速度越来越快。目前，我国普遍采用冷链物流的方式进行生鲜农产品的运输。然而由于各种因素的影响，生鲜农产品冷链物流在运输过程中风险频发，致使生鲜农产品损耗率居高不下，新鲜度下降，质量大打折扣，在一定程度上制约了生鲜农产品冷链物流的发展。

知识拓展

三、农村电商物流服务商选择

在选择农村电商物流服务商时，需要综合考虑物流服务商的合规性、专业性、服务范围与配送能力、成本效益、技术应用与创新能力、客户服务与售后支持等因素，才能确保物流服务的质量、效率和成本效益。

案例分析：

山东省蒙阴县、湖南省攸县等地通过创新农村物流模式，为乡村振兴注入新动力。蒙阴县实施"电子商务+联配联送"，整合物流资源，降低成本，打通了物流配送的"最后一公里"，年销售收入达数十亿元，提供数万个就业机会。攸县则推出"城乡驿站+邮政快递"，全覆盖自然村，实现"串联式"一日配送，通过政策扶持、组织协调、统筹规划，形成了完整的农村物流体系，还依托驿站开展"物流+电商"扶贫，带动农产品线上销售，为农民创造显著增收。这些地方的成功经验表明，整合电商、邮政、快递等资源，能有效助力乡村振兴。通过创新物流模式，降低成本，提高效率，同时带动农产品销售，能为农村地区带来实实在在的经济效益。

四、农村电商物流风险与管理

农产品物流服务涉及多个环节，因此也存在多种风险。这些风险主要包括天气和自然灾害风险、物流和运输风险、法律法规风险、金融风险、市场需求风险等。

除了针对具体风险的管理措施外，建立良好的供应链管理体系，优化库存管理，降低运营成本，提高物流效率，建立生鲜农产品冷链追溯系统也是确保农产品品质和新鲜度的关键。某农村电商企业生鲜农产品冷链追溯系统如图7-5-1所示。

案例分析：

贵州抢抓大数据产业发展先机，打造黔邮乡情、"一码贵州"等地方特色电商平台，与贫困地区深度对接，助力贫困乡村振兴发展，通过"云"销售，助力"黔货出山"，带动贫困群众脱贫致富。

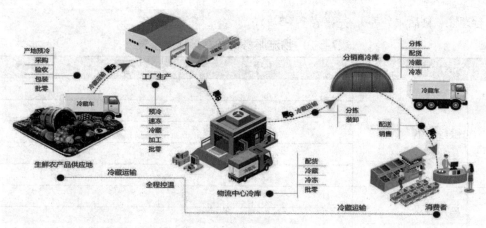

图7-5-1 某农村电商企业生鲜农产品冷链追溯系统

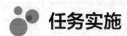 **任务实施**

农村电商物流服务商选择

任务目的：

通过区域农产品物流服务需求调研、拟定物流服务商选择指标体系与采购合同，全面了解市场现状、明确客户需求、制定科学合理的评价标准、确保选择过程的公正性和透明度、明确双方权责与利益、规范服务流程与操作，并预防潜在风险与纠纷，从而为农产品物流服务的优化和改进提供有力支撑。

任务流程及内容：

步骤1：结合"知识储备"中关于农村电商物流服务商的介绍，阅读相关文献和资料，以本地区某一类农产品（如水果、蔬菜等）作为农村电商物流业务服务对象，完善表7-5-1。

表7-5-1 农村电商物流服务对象

物流服务对象		
地区	农产品	简要描述

步骤2：调查农产品对物流服务的需求，包括运输方式、时效要求、费用预算以及个性化服务需求等，完善表7-5-2。

表7-5-2 农产品物流服务需求调查表

序号	调研内容	简要描述
1	运输方式	
2	时效要求	
3	费用预算	
4	个性化服务需求	

步骤3：结合步骤2，拟定该农产品的物流服务商选择指标体系（如服务质量、运输时效、

价格合理性、售后服务等），完善表7-5-3。

表7-5-3 物流服务商选择指标体系表

序号	一级指标	二级指标
1	服务质量	
2	运输时效	
3	价格合理性	
4	售后服务	

步骤4：根据双方的权利义务和违约责任等，拟定一份采购合同，以尽可能防范物流服务过程中可能出现的风险。

任务思考：

发展优秀的农村电商物流服务商在促进农村经济发展方面具有哪些重要作用？农村电商物流服务商在未来的发展方向有哪些？

拓展延伸

推动农村电商高质量发展实施意见出台——为农村电商发展再加把劲

2024年3月，商务部等9部门印发《关于推动农村电商高质量发展的实施意见》（商流通函〔2024〕39号）（以下简称《意见》），提出用5年时间，在全国培育100个左右农村电商"领跑县"，培育1000家左右县域数字流通龙头企业，打造1000个左右县域直播电商基地，培育10000名左右农村电商带头人的工作目标。商务部有关负责人表示，将会同有关部门和地方，实施农村电商高质量发展工程，加快贯通县乡村电子商务和快递物流配送体系，引导农村电商与乡村特色产业协同发展，助力推进乡村全面振兴。

近年来，商务部会同财政部等部门实施电子商务进农村综合示范，累计支持1489个县建成县级电商公共服务中心、物流配送中心近3000个、村级电商服务站点超15.8万个，建立起覆盖县乡村的电子商务公共服务和物流配送体系。

《意见》明确，用5年时间，基本建成设施完善、主体活跃、流通顺畅、服务高效的农村电商服务体系。

提高农村物流设施现代化水平。推动县级物流配送中心（物流园区）、乡镇快递网点数字化改造，完善智慧仓储、自动分拣、射频识别、新能源配送车等设施，提高村级配送效率。

推动农村商贸物流创新发展。发挥县域大型商贸流通企业等自建物流优势，面向电商平台和中小商户，提供家电、建材、农资、农产品等第三方配送。

打造县域直播电商基地。吸引直播电商平台、专业服务机构等入驻，完善选品展示，内容制作、数据分析、直播场景等设施设备。

培育农村数字消费场景。综合运用 5G、人工智能、移动支付等技术，对具备条件的农村商业网点进行数字化改造，打造多种消费场景，开展网订店取、生鲜直达等服务，丰富居民消费体验。

🔒 "三农"创业故事

她是一名"海归"创业青年，扎根乡村，深入百姓。她运用创新思维，通过互联网让家乡金桔"飞"向全国各地，形成特色产业，帮助山区桔农破解金桔销售难、增收难的问题，让金桔成了名副其实的"致富果"。她就是本次要分享的"三农"创业故事主人公赖园园。请扫码观看。

"三农"创业
学思践悟

🎁 项目评价

序号	技能点评价（根据能力目标）	个人自评	组内评价	教师评价
		A.未达标	B.达标	C.精通
1	能够分析农村电商供应链案例，提取其关键特点和成功因素			
2	能够分析不同供应链模式的优劣势			
3	能够根据实际需求，制订农产品采购计划，并拟定合适的供应商评价体系			
4	能够运用库存管理方法进行库存控制，设立合理的安全库存			
5	能够根据物流服务需求，选择合适的物流服务商			

序号	素质点评价（根据素养目标）	个人自评	组内评价	教师评价
		A.未达标	B.达标	C.精通
1	培养系统思维，能够从整体和局部的角度分析农村电商供应链问题			
2	增强风险意识，能够在供应链管理中识别和评估潜在风险			
3	激发创新思维，探索农村电商供应链的新模式、新方法			
4	培养团队协作精神，能够在团队中有效沟通和协作，共同解决供应链管理问题			
5	关注乡村振兴，增强社会责任感，为农村电商供应链发展贡献力量			

📝 **学习笔记**

_____

_____

_____

_____

_____

_____

_____

_____

_____

_____

_____

_____

_____

✏️ **项目测试**

一、单项选择题

1. 农村电商供应链的特点不包括（　　　）。

　　A. 产品季节性　　　　B. 地域分布广泛　　C. 物流的复杂性　　　　D. 供应链结构单一

2. 农村电商仓储管理中，ABC 分类法是基于（　　　）进行分类的。

　　A. 农产品的大小　　　　　　　　　　B. 农产品的重量

　　C. 农产品的重要性和销售情况　　　　D. 农产品的生产日期

3. 在农村电商中，（　　　）模式是个人农户销售自己的农产品给其他消费者。

　　A. B2B　　　　　　B. B2C　　　　　　C. C2C　　　　　　D. F2C

二、多项选择题

1. 农村电商产品采购管理中，需要（　　　）。

　　A. 制订市场营销计划　　　　　　　　B. 制订采购计划

　　C. 编制采购预算　　　　　　　　　　D. 制订生产计划

2. 农村电商供应链面临的挑战有（　　　）。

　　A. 基础设施落后　　　　　　　　　　B. 市场监管不足

　　C. 人才匮乏　　　　　　　　　　　　D. 市场需求增长

3. 农村电商产品的仓储安全管理包括（　　　）。

　　A. 防火与消防安全管理　　　　　　　B. 病虫害防治与卫生管理

　　C．人员出入库管理　　　　　　　　　D．库存预警和补货计划安排

三、判断题

1. 供应链是由供应商、制造商、分销商、零售商和最终用户组成的。　　　（　　）

2. O2O 模式结合了线上购物的便利性和线下实体店的信任感。　　　　（　　）

3. 农村电商可以通过优化供应链提高农产品的流通效率和降低运营成本。（　　）

4. 在农村电商供应链中，产品的地域分布对供应链的管理影响较小。　　（　　）

5. 选择物流服务商时，价格合理性是唯一考虑因素。　　　　　　　　　（　　）

四、填空题

1. 在农村电商中，_____模式是企业直接将产品销售给消费者。

2. 选择物流服务商时，应考虑_____、_____、_____和_____等方面。

3. _____模式更强调农产品的新鲜度和品质。

4. 农村电商采购风险主要涉及_____、_____、物流配送等多个方面。

五、简答题

1. 简述农村电商供应链的重要性。

2. 简述 F2C 模式的优势。

3. 农村电商中，采购管理的重要性是什么？

农村电商运营团队管理

学习目标

◎ 知识目标

了解农村电商创业模式。

熟悉农村电商企业组织架构类型。

熟悉农村电商团队岗位设置。

了解农村电商团队常用激励举措。

熟悉农村电商团队常用考核流程。

◎ 能力目标

掌握农村电商创业团队应具备的能力。

能够设计农村电商企业组织架构。

能够制定农村电商岗位主要职责。

能够完善农村电商团队激励举措。

能够设计农村电商团队考核方案。

◎ 素养目标

具备团队协作的能力。

在团队中激发积极性和创造力。

具有勤学好问、自我提升的良好习惯。

具有责任心与敬业精神。

在团队中逐步强化自身领导能力。

思维导图

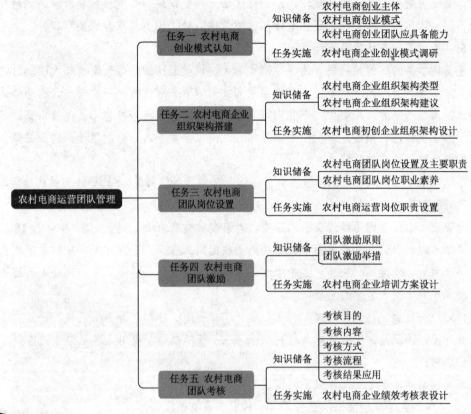

引导案例

大学生创业团队助力乡村振兴

松桃送货出山传媒有限责任公司是一家由一群志同道合的大学毕业生创立的创业公司，这些大学毕业生从各大高校学成归来，而且有着统一的理想：反哺故土，助力乡村振兴；黔货出山，不负青年使命。作为贵州省松桃苗族自治县新一代青年，他们立志让家乡的农产品真正地走出去，为家乡提供更多的就业岗位，为农产品产业链寻求更多的可能。

松桃苗族自治县作为农业人口大县，农产品种类多，如何寻找产品合适的出口成了一个问题。2022 年，该大学生创业团队成员进行了市场调研，了解到松桃苗族自治县的黄桃即将成熟，黄桃的产量特别大，但果园的销售渠道有限。由于黄桃货架期短，从上市到下市仅十来天，果农卖不完就只能眼巴巴地看着果子烂在树上。

了解到这一情况后，7 月初，该团队开始注册各个电商店铺，开发微信商城小程序。他们拍摄黄桃的生长环境、果子的外观等视频，并设计了专属于家乡黄桃的产品包装，联系本地多个包装厂家和物流公司洽谈合作，把产品的成本控制到最低，让利消费者，为产品后续发展做好坚实的铺垫。

黄桃正式开始发货后，为扩大产品知名度，把好销售关口，这支团队每天都会有专门的主播进行 10h 左右的直播，在直播间为观众解答疑问，并从黄桃入手，为消费者科普其生产规律及多种相关食品的制作方法。为提高产品美誉度，打消消费者顾虑，该团队在黄桃包装的仓库直播间，展示黄桃包装的一线环境，向消费者保证，只要收到的黄桃不如其所言的甘甜爽脆绝不收钱。而且团队的主播们每天还在直播间试吃黄桃，除了因为其本身味美可口外，也是为了进一步向消费者展示黄桃的品质优良。

由于黄桃本身的保鲜期较短，为了让消费者更快地收到产品，每天都有工人在加急打包发货，每一道工序都有专人严格把控。黄桃在果园被采摘下来后进行第一次筛选，在仓库进行第二次筛选。而在选果的过程当中，一旦出现坏果，即使仅有一点瑕疵也不能流进市场。况且天气炎热，加上运输过程颠簸，黄桃十分容易损坏，所以会发七八分熟的果子，以此保证让消费者收到的黄桃能够达到较佳状态。

为了保护消费者的权益，该团队在售后方面更是做了严格保障。"只要收到黄桃之后，有坏果烂果及时拍照联系我们的消费者，坏一个赔一个，坏一箱赔一箱，坏半箱也是赔一箱"。而团队敢下此保证，也正是因为相信黄桃的品质，对家乡黄桃有信心。截至2022年8月15日，线上成交43766笔订单，共200吨黄桃，解决周边临时用工827人。短短时间能够卖出这么多黄桃，离不开果园、包装厂、快递、各个渠道以及所有消费者的支持与认可，这些人为松桃苗族自治县的农产品电商之路燃起星星之火。

选择好产品之后，接单、采摘、打包、发货，每一道工序都需要用心完成，一旦有所懈怠便会全盘皆输。而正是由于创业本身的挑战性，在不断地激励和吸引大学生群体拼搏奋斗。

案例思考：

认真阅读案例，思考并回答以下问题。

1. 案例中的大学生创业团队选择了哪一种农产品电商模式？
2. 该团队应如何设计组织架构以更好地服务当地黄桃产业线上发展？

任务一　农村电商创业模式认知

知识储备

农村电商迅猛发展，已经深入农村经济社会的各个方面，成为农产品进城、工业产品下乡的重要渠道，更是农村创业的重要方向，为乡村产业发展注入新动能。

一、农村电商创业主体

（一）农民

农民是农村电商的主要参与者和受益者。他们通过电商平台，可以直接销售自己的农产品，拓宽销售渠道，提高产品附加值，增加收入。一些有创业精神和市场洞察力的农民，还能够创立自己的电商品牌，实现更大规模的商业运作。

案例分析：

"80后"王科辉是一名农民，历经多年创业，他带着成立的山西荣辉农耕农业股份有限公司的果蔬产品，走遍了大江南北。随着网络市场的兴起，他又积极发展农村电子商务，建立了农产品质量安全追溯体系，确保农产品质量。同时办理了海关出口检验检疫手续并注册了外贸公司，充分利用淘宝、天猫、京东等电子商务平台，加大外销力度。2023年，其公司年销售水果、蔬菜量达到20000吨，辐射带动周边500余种植户，取得了良好的经济效益。

（二）农村合作社

农村合作社是农民自愿联合、民主管理的互助性经济组织。在农村电商创业中，农村合作社具有组织化、规模化的优势，可以帮助农民统一采购、销售农产品，降低交易成本，提高市场竞争力。

（三）农村小微企业

农村小微企业包括农产品加工企业、农村电商服务平台等。农村小微企业通过电商平台，可以将农产品进行深加工，提升产品附加值，也可以为农民提供电商培训、运营指导等服务，推动农村电商的快速发展。

（四）返乡创业青年

随着国家对农村电商政策的扶持和电商平台的普及，越来越多的返乡创业青年选择投身农村电商。他们利用自己的知识和技能，结合农村资源和市场需求，开展农产品电商销售、农村旅游电商推广等业务，带动农村经济的发展。

这些主体在农村电商创业中发挥着各自的优势和作用，共同推动农村电商的快速发展。同时，政府和社会各界也加强了对农村电商创业的支持和引导，为创业者提供更好的创业环境和政策扶持。

素质园地：

新时代的中国青年，生逢其时、重任在肩，施展才干的舞台无比广阔，实现梦想的前景无比光明。尤其是新时代的大学生，要做有理想、有本领、有担当的追梦人，更要抓住时代的机遇，脚踏实地，用奋斗创造幸福生活。

二、农村电商创业模式

农村电商创业是指利用互联网平台，将农产品、手工艺品、特色旅游等农村资源销售给消费者，促进农村经济发展和农民增收。以下是一些主要的农村电商创业模式。

（一）平台借力模式

这种模式主要借助已有的电商平台（如京东、抖音等）开展农村电商业务。创业者可以申请成为平台的合作伙伴，利用平台的技术、资源和流量优势，来推广和销售农村特色产品。例如，京东的农村电商模式就是通过与地方政府合作，建立县级服务中心和乡村推广员网络，推动农村电商的发展。

（二）本地化综合服务模式

这种模式强调以本地化电子商务综合服务商为驱动，带动县域电子商务生态的发展。服务商会提供电商平台搭建、运营、物流、营销等一系列服务，帮助农村电商创业者更好地开展业务。这种模式能够有效解决农村电商在基础设施、信息、技术等方面的短板，促进地方传统产业特别是农产品加工业的发展。

（三）特色产品驱动模式

这种模式主要依托农村地区的特色产品（如农产品、手工艺品等）开展电商业务。农村电商创业者可以深入挖掘和整合当地特色资源，打造具有地方特色的电商品牌，并通过线上销售的方式将产品推向更广阔的市场。例如，一些地区的农产品电商通过打造特色农产品品牌，实现了农产品的增值和农民的增收。

（四）线上线下结合模式

这种模式将线上电商与线下实体店相结合，通过线上平台的推广和销售，引导消费者到线下实体店进行体验和购买。这种模式能够充分利用线上线下的优势，提升消费者的购物体验，同时也有助于提升农村电商的知名度和影响力。

> **知识链接：**
> 企业的生命周期是指一个企业在从成立到消亡的整个发展过程中所经历的几个不同阶段，通常包括四个阶段：初创期、成长期、成熟期和衰退期。

知识拓展

三、农村电商创业团队应具备能力

农村电商创业团队在创业过程中需要具备多种能力，以确保业务的顺利进行和持续发展，具体包含以下方面。

（一）创业环境分析能力

由于农村地区呈现人口散落居住，生活节奏慢，生活压力相对于城市较小，地方习俗较浓厚，交通、医疗、教育等条件欠佳的现状，因此农村电商创业团队首先需要熟悉农村情况。其次，农村电商创业团队需要对农产品市场有深入的了解，能够分析市场需求、消费者偏好以及竞争态势，通过市场研究找到适合农村电商发展的产品方向和市场定位。

（二）电商运营与推广能力

电商运营与推广能力是指电商平台的选择、店铺运营、产品推广等方面的技能。农村电商创业团队需要熟悉电商平台的运营规则，尤其要善于抓住数字经济变革的市场机遇，能够制定有效的推广策略，提高店铺曝光度和产品销量。

（三）供应链管理能力

农村电商涉及农产品的采购、仓储、物流等多个环节，农产品电商创业团队不仅需要熟悉农村农业生产的情况，深入了解农产品行业的情况，而且需要深入了解具体农产品的生产、加工、保管、销售、运输等情况。此外，还需要克服农产品生产的季节性和周期性，维持均衡的产品供应，确保货源稳定、质量可靠，同时降低运营成本。

（四）团队协作能力

农村电商创业团队需要具备良好的沟通和协作能力，能够共同解决问题、应对挑战。农产品电商运营起低点、易上手，一旦实现规模化运营，招募团队、组建团队、管理团队的能力就变成硬性要求。团队成员之间需要相互信任、支持，形成高效的工作机制。此外，团队还需要充分调动成员的积极性，进行科学的薪酬设计和激励奖励。

（五）创新能力

在竞争激烈的电商市场中，创新是农村电商创业团队持续发展的关键。农村电商创业团队需要持续关注行业趋势，尤其是人工智能、大数据等技术给商业模式带来的变革，不断尝试新的业务模式、营销策略和技术应用，以提升竞争力。

（六）风险防控能力

农村电商创业过程中，因其生产、销售、保存等特殊性，面临诸多风险，如市场风险、物流风险、质量风险等。农村电商创业团队需要对经营风险有足够的认识，具备风险识别和防控能力，制定风险应对措施，降低风险对业务的影响。

此外，农村电商创业团队还需要关注政策环境、法律法规等方面的变化，确保业务合规发展，同时加强与其他电商企业、行业协会等的交流与合作，推动企业健康发展。

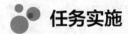 **任务实施**

农村电商企业创业模式调研

任务目的：

结合本地农村电商企业运营实际，加深对主要农村电商企业创业模式的理解，并探索模式创新。

任务流程及内容：

步骤1：结合"知识储备"中关于农村电商创业模式的介绍，收集整理本地农村电商企业案例，分析其创业模式，填写表8-1-1。

表8-1-1　农村电商企业模式汇总表

序号	企业名称	创业模式
1		
2		
3		

步骤2：结合整理的企业案例，通过实地走访与座谈等形式，深入了解1~2家企业的运营模式，分析其是否存在模式方面的创新，填写表8-1-2。

表8-1-2　农村电商企业模式创新汇总表

序号	企业名称	运营模式创新点
1		
2		

任务思考：

本地企业的运营模式创新受哪些因素影响？

任务二　农村电商企业组织架构搭建

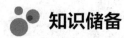

知识储备

一、农村电商企业组织架构类型

农村电商企业的建设与发展，离不开一个架构合理且优秀的团队，团队不仅要懂电子商务方面的知识，包括电商战略规划、商城建设与运营、网络营销推广、关键词优化、新媒体内容策划与制作等，还要熟悉传统企业的商业运作，包括企业行政管理、品牌规划、营销策划、渠道选择与建设等。从宏观上讲，农村电商企业组织架构应该涵盖人力资源、财务、客服、市场、采购、物流、技术、平台建设、策划等部门。不同企业，不同的市场情况、规模以及资金实力，决定了企业在搭建组织架构时会有所差异。

农村电商企业主要分为两类，一类是生产型，另一类是商贸型。前者有产品主动权，既可以是企业自己的农产品货源，也可以是代理的一手货源；后者则需订货，其农产品品类和货源可以动态调整，在电商业务中比前者增加了采购部门。两类农村电商企业的组织架构参考如图8-2-1所示。

图8-2-1　农村电商企业组织架构参考

二、农村电商企业组织架构建议

由于农村电商企业受到地域以及资金的影响，在搭建组织架构时需要对一些岗位进行整合或细分。例如，可以将售后服务部门合并到客服部门，将电商类业务部门细分成用户运营部、渠道拓展部、内容运营部、产品运营部、运营推广部、活动运营部等。

在企业的不同发展阶段，部门岗位人数应动态调整，一般从运营的三个阶段进行考虑。

（一）运营前期

运营前期，由于农村电商企业业务开拓资金占用量大，但市场影响力有限，必须压缩成本，因此在岗位设置上尽量考虑将相关岗位合并，以减少在人力资源方面的成本，如表8-2-1所示。

表8-2-1　运营前期农村电商企业组织架构参考

岗位设置	建议人数	主要工作
人事行政	1~2人	企业人事行政事务管理
财务	1~2人	企业财务管理
电商运营经理	1人	统筹运营团队
客服主管	1人	售前与售后管理
客服（售前+售后）	1人	售前与售后业务处理
策划主管	1人	活动策划与统筹、推广工具使用、流量获取、推广文案撰写等
文案与图片设计	1人	商品拍摄、图片设计、上传、商品文案撰写等
营销	1~2人	品牌宣传、产品销售
产品管理	1人	采购、保证产品品质与货源、包装管理、仓库管理、发货管理等
分销管理	1人	渠道开拓与维护、佣金管理
数据分析	1人	广告投入决策分析、店铺运营数据分析、活动效果评估与安排、进货安排、提供考核数据等

（二）运营中期

随着农村电商企业业务范围和市场影响力的扩大，可增加售前客服人数，5~8人较适宜。伴随企业用户数量的增加，对内容的需求越来越大，需在文案、平面设计岗位上适当增配1~2人。为配合企业市场扩大的需求，引流与网络广告相关工作可以独立出来，由2~3人负责。当然，网络前端业务的扩大离不开企业物流仓储后台的支持，因此有必要在订单处理、仓储配送、打包方面增派多人，具体人数可视企业具体情况而定。此外，人事、财务以及法务方面的人员，可考虑各增配1~2人。

（三）运营成熟发展期

当农村电商企业经过若干年发展，进入成熟发展期，业务板块越来越多，市场覆盖面越来越广，可以考虑采用矩阵制的方式构建组织架构，即以具体项目为单位运营，每个运营单位均由市场、客服、内容策划、活动策划岗位人员构成，共同在人力资源、行政、法务、财务、物流管理部门的协助下开展项目实施。

无论农村电商企业属于哪个阶段，其用户、内容与产品运营的部门负责人一定要懂产品，这样更容易结合市场挖掘出产品的核心卖点，寻求在内容与活动运营中的突破。

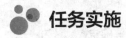 **任务实施**

农村电商初创企业组织架构设计

任务目的：

结合本项目任务一，通过实地调研，了解本地农村电商初创企业的组织架构形式，分析其组织架构的合理性与不足。

任务流程及内容：

步骤1：通过调研，了解农村电商初创企业所面临的内外部环境及遇到的典型问题，填写表8-2-2。

表8-2-2　农村电商初创企业调研信息基础表

企业名称	
企业面临的外部环境	
企业面临的内部环境	
企业遇到的典型问题	

步骤2：通过调研，了解运营前期该企业的组织架构，填写表8-2-3。

表8-2-3　企业组织架构

企业名称	
企业组织架构	

步骤3：结合企业自身资源条件，你认为是否有必要对其组织架构进行调整，若有，绘制组织架构图，填写在下方的空白处。

任务思考：

处于运营成熟发展期的非创业型农村电商企业，其在组织架构构建方面有怎样的变化趋势？

任务三　农村电商团队岗位设置

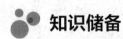 **知识储备**

一、农村电商团队岗位设置及主要职责

农村电商团队岗位设置通常会根据企业的规模、业务模式和发展阶段来确定，以下是一些常见的农村电商团队岗位及其主要职责。

（一）运营岗位

运营经理/主管：负责整个企业的日常运营和管理工作，制定运营策略，监控运营效果，协调各部门的工作。

运营专员：负责具体运营活动的策划和执行，如促销活动、营销推广等，同时负责平台数据的分析和撰写数据分析报告。

（二）产品岗位

产品经理：负责农产品的选品、定价、上架等工作，分析产品趋势和市场需求，制定产品策略。

采购专员：负责与农产品供应商的联系和谈判，确保货源的质量和稳定性。

（三）市场岗位

市场经理/主管：负责制定市场推广策略，提升品牌知名度和市场份额。

市场专员：负责具体市场推广活动的策划和执行，如广告投放、社交媒体运营等。

（四）技术岗位

技术经理/主管：负责电商平台技术架构设计和开发，确保平台稳定运行和持续优化。

开发工程师：负责具体的开发工作，如网站开发、App 开发等。

测试工程师：负责平台的测试工作，确保平台的稳定性。

（五）客服岗位

客服经理/主管：负责客服团队的管理和培训工作，提升客户服务质量和效率。

客服专员：负责接待和处理客户的咨询、投诉等，提供优质的客户服务。

（六）供应链岗位

物流经理/主管：负责物流团队的管理和物流方案的制定，确保农产品及时送达客户手中。

仓储管理员：负责农产品的仓储管理，确保库存的准确性和安全性。

配送员：负责农产品的配送工作，确保货物能够按时送达客户手中。

此外，根据企业的实际情况，还可以设置财务、行政、人力资源等岗位，以支持企业的日常运营和发展。需要注意的是，随着企业的发展和市场环境的变化，岗位设置需要进行相应的调整和优化。

> **知识链接：**
>
> 随着人工智能技术的成熟与完善，智能客服系统能够 24h 不间断地为客户提供服务，轻松应对促销活动、节假日等高峰时段，同时具备多轮对话、情感识别等功能，大大减少了人工客服的需求量，有效降低运营成本。

二、农村电商团队岗位职业素养

良好的职业素养，不仅关系到个人的职业发展，也直接影响企业的运营效率和客户满意度。农村电商从业者与创业者应具备以下职业素养。

（一）专业知识与技能

具备扎实的电商知识，包括电商运营、市场推广、客户服务等方面的基本理论和实践技能。对于技术岗位的农村电商从业者，如开发工程师，需要熟练掌握相关编程语言和开发工具。

（二）客户服务意识

树立以客户为中心的服务理念，能够耐心倾听客户需求，提供专业和友好的服务。对于客服岗位的农村电商从业者，还应具备良好的沟通能力和解决客户问题的能力。

（三）团队协作精神

具备良好的团队合作精神，能够与团队成员有效沟通，共同完成任务。在团队中发挥自己的作用，同时支持和帮助团队成员。

（四）责任心与敬业精神

具有强烈的事业心和责任感，对自己的工作负责，保证工作质量，并愿意为企业的整体目标付出努力。同时需要具备敬业精神，保持对工作的热情投入和对细节的精益求精。

（五）诚信与正直

保持诚实和正直的态度，无论是对待客户还是同事，都应坦诚相待。在工作中遵守职业道德和法律规范，不做损害企业和客户利益的事情。

（六）适应能力与创新精神

电商行业变化迅速，农村电商从业者和创业者应具备快速适应新环境、新技术和新流程的能力。同时，应发挥创新精神，为企业带来新的想法和解决方案。

（七）持续学习意识

培养持续学习的意识，不断提升自己的专业技能和知识水平。同时，积极参与企业提供的培训和发展机会，为自己的职业发展打下坚实基础。

这些职业素养不仅是农村电商企业从业者与创业者个人成长的基石，也是企业持续发展的重要保障。通过不断提升员工的职业素养，农村电商企业可以建立一支高效、专业、有责任心的团队，从而更好地服务于客户和市场。

> **素质园地：**
>
> 当代大学生应该知道，作为农村电商未来的从业者，一方面，自身扎实的专业知识、熟练的电子商务技术操作、清晰的平台规则与政策把握是必备的专业素质；另一方面，还需要具备良好的沟通能力、团队协作能力和创新意识，以应对竞争激烈的市场环境。

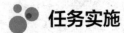

任务实施

农村电商运营岗位职责设置

任务目的：

收集并整理当地农村电商企业岗位，通过案例分析归纳农村电商企业主要运营岗位职责。

任务流程及内容：

步骤1：通过前程无忧、Boss直聘等平台，搜索当地农村电商企业"运营管理""运营助理"岗位，了解岗位职责，填写表8-3-1。

表8-3-1　运营管理岗主要岗位职责调研汇总表

调研平台	
企业名称	
运营管理岗位职责	
运营助理岗位职责	

步骤2：汇总2～3家当地农村电商企业的运营岗位主要职责，填写表8-3-2。

表8-3-2　运营岗位主要职责汇总

运营岗位主要职责	

步骤 3：结合企业自身资源条件，分别针对用户、产品、数据、平台、活动等运营工作设计岗位职责，填写表 8-3-3。

表8-3-3　各运营岗位职责汇总表

用户运营管理岗位主要职责	
产品运营管理岗位主要职责	
数据运营管理岗位主要职责	
平台运营管理岗位主要职责	
活动运营管理岗位主要职责	

任务思考：

运营岗位在不同的企业设置是相同的吗？哪些岗位职责是相通的？

任务四　农村电商团队激励

 ## 知识储备

任何团队的发展和壮大都离不开激励。团队激励的最终目的是在实现团队目标的同时，也能让团队成员实现其个人目标，即达到团队目标与团队成员个人目标在客观上的统一，更加细化团队成员的协调分工，进一步增强团队成员对团队的归属感与荣誉感，全面提升团队成员的积极性与凝聚力，使团队效用最大化。

一、团队激励原则

团队目标设定与激励应遵循以下五个原则。

（一）期望值与效价对等

对等就是对于团队成员的目标设定与奖励必须是这个团队成员通过努力能够争取到的而不是难以实现的。此外，目标设定载体应该是团队成员共同关注的，且有历史工作经验和工作数据作支撑。只有满足这两个条件，才可能促使团队所有成员为实现目标而努力。

> **知识链接：**
>
>
> 知识拓展
>
> 人们期望得到所向往的东西，而回避所厌恶的东西。因此，人们在行动之前往往先进行一系列推测，分析行为结果可能伴有的效益，并根据效益的价值和实现的可能性调整自己的行为。

（二）目标设定明确

明确、可衡量的目标能够为团队指明方向，激发团队成员的积极性和主动性。目标设定要充分考虑团队成员的能力和市场需求，做到目标既具有挑战性又可实现。

（三）奖励机制合理

合理的奖励机制是激励团队成员积极工作的有效手段。除了基本的薪酬待遇，团队还可在绩效奖金、员工福利、晋升机会等方面制定激励制度，以增强员工的归属感和责任感。

（四）培训与发展并重

为了保持团队成员的工作热情和创新精神，团队应提供完善的培训与发展机会，包括专业技能培训、团队协作训练、潜力挖掘等，从而帮助团队员工提升自身能力，实现个人价值。

（五）沟通与反馈及时

良好的团队沟通是解决矛盾、解决问题的关键。通过定期的团队会议、一对一沟通等方式，团队可以及时了解团队员工的想法和需求，从而采取有针对性的措施。此外，定期的绩效评估与反馈也是重要的激励手段，可以让团队成员明确自己的工作表现，及时调整工作策略。

二、团队激励举措

农村电商团队的激励措施多种多样，团队可以根据自己的具体情况和目标进行制定。

（一）合理的薪酬体系

薪酬是决定团队成员工作积极性的重要因素之一，也是最有效的激励方式。制定合理的薪酬体系和提成制度，让团队成员明白他们的努力与收入直接相关。提成制度可以根据销售额、订单量、客户满意度等关键指标进行制定，以激发团队成员的积极性和工作热情。团队在制定薪酬体系时，要充分考虑市场行情和团队成员的实际需求，以保证薪酬水平对外具有竞争性，对内具有公平性。

（二）奖金与福利

团队可设立各种形式的奖金与福利，如年终奖、季度奖、优秀员工奖、员工股权激励等，以表彰优秀团队成员。同时，提供丰富的福利待遇，如健康保险、年假、团队建设活动等，增强团队成员的归属感和忠诚度。激励团队成员更加努力地工作，追求优秀表现。这种激励机制不仅能够提高团队成员的工作动力，也有助于建立一种以成就为导向的工作文化。

知识链接：

知识拓展

股权激励也称为期权激励，主要通过附条件给予员工部分股东权益，使其具有主人翁意识，从而与企业形成利益共同体，促进企业与员工共同成长，从而帮助企业实现稳定发展的长期目标。

（三）晋升机会

团队应关注团队成员的职业发展需求，为其提供明确的晋升通道和职业发展路径，让他们看到在团队长期发展的可能性。同时，根据团队成员的工作表现和潜力，给予适当的晋升和加薪机会，以激发其工作动力。

（四）培训与发展机会

团队应提供系统的培训和发展机会，帮助团队成员提升专业技能和知识水平。这样不仅可以提升团队的整体实力，还能让团队成员感受到团队对个人成长的重视和支持，激发团队成员的创新意识和进取心。团队应根据团队成员的个人发展需求和业务需要，制定有针对性的培训计划。

（五）团队文化建设

团队应营造积极向上的团队氛围和文化，让团队成员感受到家的温暖和归属感。同时，还应建立健全的沟通机制，鼓励团队成员提出建议和意见，通过举办团队活动、庆祝节日、分享成功经验等方式，增强团队的凝聚力和向心力。

（六）设定目标与考核标准

团队应设定明确的目标和考核标准，让团队成员明确自己的工作方向和期望成果。同时，还应建立公正、透明的考核机制，对团队成员的工作成果进行客观的评价，确保激励措施的公平性和有效性。

综上所述，农村电商团队的激励措施需要综合考虑薪酬、福利、晋升、培训、团队文化和考核等多个方面，以激发团队成员的积极性和创造力，推动农村电商业务的持续发展。

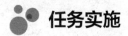

任务实施

农村电商企业培训方案设计

任务目的：

收集并整理当地农村电商企业培训需求，以提高品牌影响力和销售转化率为目标，完成培训方案的设计。

任务流程及内容：

步骤1：通过线上和线下的调研方式，梳理当地农村电商企业发展面临的主要问题，填写表8-4-1。

表8-4-1　企业发展问题汇总表

调研企业		
企业优势		
企业面临问题及原因	面临的问题	原因分析

步骤2：根据调研企业面临的问题，结合访谈，明确企业发展亟须解决的2~3个问题。填写表8-4-2。

表8-4-2　企业亟须解决问题汇总

问题 1	
问题 2	
问题 3	

步骤 3：针对企业亟须解决的 2~3 个问题，明确对应的培训课程主题、培训课程目标及培训课程内容，填写表 8-4-3。

表8-4-3　培训课程设计

亟须解决问题	
培训课程主题	
培训课程目标	
培训课程内容	

任务思考：

不同农村电商运营主体，培训课程设置是相同的吗？哪些内容是可以相通的？

任务五　农村电商团队考核

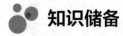 **知识储备**

一、考核目的

团队考核的主要目的是评估团队成员的工作表现，识别优秀团队成员，激励团队成员更好地完成工作任务，提高团队整体绩效，及时调整和优化操作方法与程序，进而推动农村电商企业持续发展。

二、考核内容

农村电商团队考核的内容主要包括工作业绩、工作能力、工作态度三个方面。

（一）工作业绩

农村电商团队考核主要评估团队成员在销售额、订单量、客户满意度等方面的表现，以衡量其对团队整体业绩的贡献。

（二）工作能力

农村电商团队考核主要评估团队成员的专业技能、团队协作能力、解决问题的能力等，以判断其是否具备完成工作任务所需的能力。

（三）工作态度

农村电商团队考核主要评估团队成员的责任心、积极性、主动性等，以了解其对待工作的态度。

三、考核方式

农村电商团队考核方式包含定量考核和定性考核。

（一）定量考核

通过设定具体的业绩指标，如销售额、订单量等，对团队成员进行量化评估。这种方式可以直观地反映团队成员的工作成果。

（二）定性考核

通过观察团队成员在工作中的表现，如团队协作能力、沟通能力等，进行主观评价。这种方式可以更全面地了解团队成员的工作能力和工作态度。

四、考核流程

农村电商团队考核主要分为以下五步。

（一）明确岗位与指标要求

不同岗位，在考核指标设置方面有所不同。作为农村电商团队，可以从运营、客服、内容、行政管理四大类入手，通过"关键指标"与"过程指标"搭建考核体系。

其中，项目（全店）销售额是运营岗位关键指标，运营报告、SKU 数、用户流量、用户转化率、用户客单价、销售毛利率、损耗率、库存占比等是运营岗位过程指标；会员数、销售额、市场份额、综合售后评分等是客服岗位关键指标，询单转化率、客单价、满意度评分、培训分享、退款纠纷率、处理时长、售后成本等是客服岗位过程指标；图片、文字与视频等内容的出品速度与出品质量是内容岗位关键指标，浏览量、转发量、点赞量、评论数等是内容岗位过程指标；投资报酬率、员工满意率是行政岗位关键指标，成本与费用、员工流动率、信息系统有效性等是行政岗位过程指标。农村电商团队可根据实际情况设置相关指标。

（二）指标分解

农村电商团队考核指标分解得越详细，对团队成员的影响越大，指导性更强，具体可从以下四个方面着手。

1. 按时间分

可分为年、季度、月、周、日、时。

2. 按渠道分

可分为线上渠道、线下渠道、部门、个人。

3. 按职务分

可分为总裁、总经理、总监、店长、部门经理、主管、员工。

4. 按产品分

可分为商品部门、中分类、小分类、单品。

（三）考评主体确认

可借助 360 度考核法完成考评主体确认，即分为上级评估、平级评估、下属评估，并赋予不同层级以权重，最终完成对考评对象的 360 度全方位反馈。

（四）填写并完成考核报告

可参考表 8-5-1 设计绩效考核表并完善考核报告。

表8-5-1 绩效考核表

姓名		部门			职务		填表时间	
KPI 指标		权重	得分		对 KPI 得分简要评价			
销售额		40%						
毛利额		20%						
库存周转期		10%						
浏览量		10%						
会员数		10%						
损耗率		5%						
费用指标		5%						
KPI 得分								

领导意见：

签名：

日期：

（五）根据考核结果划分等级

在团队绩效考核结果的基础上，对团队成员进行等级划分，用于其职位晋升、培训需求规划、绩效提成发放及岗位工资调整等方面。如 A、B、C、D、E 或 1、2、3、4、5 等级。A 级或 1 级，代表该员工一贯能超越其岗位认知所要求的工作，并胜任有余；B 级或 2 级，代表该员工一贯良好，能达到或经常超越其岗位认知所要求的胜任程度；C 级或 3 级，代表该员工一贯能达到企业岗位工作要求；D 级或 4 级，代表其工作达到基本要求，但经常不能完全达到企业满意程度，工作有待改进；E 级或 5 级，代表其表现拙劣，距离企业要求有很大差异。当然，等级划分时必须配合具体细节的说明，举例如下。

连续 2 个岗位晋升考核期 KPI 低于 150 分，实行末位淘汰；连续 3 个月考核排名第一，给予一次性奖励 500 元；职位晋升将直接影响个人底薪和提成点数，考核周期为 3 个月，由部门主管、总监、总经理综合考评。新员工入职默认为 5 级（普通等级）。

五、考核结果应用

农村电商团队考核结果一般用作奖励与惩罚的依据，为培训与发展作参考，也可根据考核结果进一步优化团队结构。

（一）奖励与惩罚

根据考核结果，对表现优秀的团队成员给予奖励，如晋升、加薪等；对表现不佳的团队成员进行惩罚，如警告、降薪等。

（二）培训与发展

参照考核结果，针对团队成员的不足之处，制订有针对性的培训计划，帮助其提升专业技能和工作能力。

（三）优化团队结构

根据考核结果，对团队结构进行优化调整，如调整人员配置、优化工作流程等，以提高团队整体绩效。

在农村电商团队考核过程中，要确保考核公平、公正。在考核过程中，要确保评价标准一致、评价过程透明，避免主观臆断和偏见。考核结束后，要及时与团队成员进行沟通，反馈考核结果，肯定成绩，指出不足，并提出改进建议。

随着企业的发展和团队的变化，要不断对考核体系进行调整和优化，以适应新的需求和挑战。

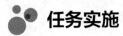 **任务实施**

农村电商企业绩效考核表设计

任务目的：

调研当地农村电商企业，以电商运营岗位为载体，设计绩效考核表，掌握绩效考核指标设定方法。

任务流程及内容：

步骤1：通过线上和线下调研方式，调研当地农村电商企业的运营岗位主要工作，填写表8-5-2。

表8-5-2　当地农村电商企业运营岗位主要工作

调研企业名称	
运营岗位主要工作	

步骤2：根据调研的农村电商企业运营岗位主要工作，梳理关键性考核指标，填写表8-5-3。

表8-5-3　企业运营岗位关键性考核指标及解释

指标1	
指标2	
指标3	

步骤3：根据调研的农村电商企业运营岗位主要工作，梳理过程性考核指标，填写表8-5-4。

表8-5-4　企业运营岗位过程性考核指标及解释

指标1	
指标2	
指标3	

步骤4：针对调研的农村电商企业某一具体运营岗位，选定关键性指标与过程性指标，填写表8-5-5。

表8-5-5　指标选定

运营岗位名称	
关键性指标	
过程性指标	

步骤5：按照渠道、时间、职务等标准对指标进行分解，填写表8-5-6。

表8-5-6　指标分解

指标名称	
指标分解	

步骤6：明确考评主体，完成绩效考核表设计，填写表8-5-7。

表8-5-7　绩效考核表

姓名		部门			职务		填表时间	
KPI 指标		权重	得分		对 KPI 得分简要评价			
KPI 得分								

领导意见：

签名：

日期：

任务思考：

考评体系设计的难点主要体现在哪些方面？

 拓展延伸

四有团队体系让企业电商健康运营

一、有打法——团队成员充分理解并执行企业电商策略

企业的电商打法、目标、策略规划等内容，只有真正做到从领导到基层、从业务一线到后勤保障，都能理解、认同并贯彻到自己的工作中，而不仅仅是停留在领导或中高层的口头上或纸面上，才是有意义的、起作用的。而要做到这一点，主要是精神和物质两个方面：不断地宣贯解读及与绩效挂钩。宣贯解读重在长期和深入，首先忌泛泛而谈，需要用员工能理解且记住的方式进行解读；其次是进行年度宣贯、季度总结，再进行月度小结和计划，不断地加深员工的理解和认知。而与绩效挂钩，则是建立正确的奖惩引导方向——如果企业电商运营模式选择了分销模式，那么仅考核单店销售额就不合适。

二、有管控——有先进的电商经营分析管理工具

通过运用先进、适合的电商经营分析管理工具实时了解运营动态、从数据中发现问题并进行风险预警或提出策略建议，做到分层分级了解复盘相关数据，时刻关注行业整体情况及竞争对手，时刻注意是否与原定规划一致、目标达成情况如何，存在风险要实时纠偏。

三、有流程——有适合的组织架构和业务流程体系

在企业电商发展初期，可以借鉴成功经验，例如核心岗位的关键考核指标，核心运营模块的内部业务流程。在团队发展过程中，根据自身实际情况，不断优化及完善团队组织架构、绩效考核体系、业务流程，以团队文化进行实践，使团队成员愉快工作，减少内耗。

四、有能力——团队电商管理和技能高于行业平均水平

一是通过各种招聘方式招聘到成熟的、能力相符的专业电商人才。二是通过学习使电商团队成员能打仗、打胜仗。这不仅要通过企业内部组织学习和分享的形式，或者通过线上学习平台或线下培训班的形式，学习最贴近实战的内容，更重要的是确保学以致用，通过实战检测学习效果。

🔒 "三农"创业故事

他对"三农"有着深厚的感情。依托国家惠民惠农政策，结合区位优势，他不断探索实践，把合作社越办越好，兑现创业之初"以诚信发展企业，用真心回馈社会"的承诺，带领村民走出一条农业高质量发展之路。他就是本次要分享的"三农"创业故事主人公蒋洪波。请扫码观看。

"三农"创业
学思践悟

👔 项目评价

序号	技能点评价（根据能力目标）	个人自评 A.未达标	组内评价 B.达标	教师评价 C.精通
1	掌握农村电商创业团队应具备的能力			
2	能够设计农村电商企业组织架构			
3	能够制定农村电商岗位主要职责			
4	能够完善农村电商团队激励举措			
5	能够设计农村电商团队考核方案			

序号	素质点评价（根据素养目标）	个人自评 A.未达标	组内评价 B.达标	教师评价 C.精通
1	具备团队协作的能力			
2	在团队中激发积极性和创造力			
3	具有勤学好问、自我提升的良好习惯			
4	具有责任心与敬业精神			
5	在团队中逐步强化自身领导能力			

✍ 学习笔记

_____

_____

_____

_____

_____

_____

_____

_____

_____

_____

_____

_____

_____

项目测试

一、单项选择题

1. 商贸型农村电商企业较生产型农村电商企业，在组织架构上增加了（　　　）。

    A. 客服部门　　　　B. 美工部门　　　　C. 采购部门　　　　D. 物流仓储部门

2. 从业者在内部组织协调采购、仓储、物流等环节，使整个团队能够高效运转。同时，密切与政府、供应商、客户等进行有效沟通，属于（　　　）素质。

    A. 创新素质　　　　　　　　　　　B. 自我学习

    C. 组织协调与沟通素养　　　　　　D. 抗压能力

3. 农村电商团队激励要让成员有"获得感""价值感"，应注意激励的（　　　）。

    A. 公开透明性　　　B. 合理性　　　　C. 效价　　　　　　D. 可变性

二、多项选择题

1. 商贸型农村电商企业组织架构应包括（　　　）等部门。

    A. 采购部　　　　　B. 客户关系管理　　C. 美工设计　　　　D. 仓储

2. 产品管理岗主要职责是（　　　）。

    A. 保证产品品质与货源　　　　　　B. 挖掘商品卖点

    C. 发货管理　　　　　　　　　　　D. 平台规划与市场趋势判断

3. 团队激励主要应考虑（　　　）等。

    A. 期望值与效价对等　　　　　　　B. 高名誉性

    C. 沟通与反馈及时　　　　　　　　D. 物质性

三、判断题

1. 客服专员主要解决用户投诉就可以了。　　　　　　　　　　　　　　　　　（　　　）

2. 农村电商企业培训对象主要是经营管理者。　　　　　　　　　　　　　　　（　　　）

3. 农村电商企业运营团队激励应关注激励方式的可变性。　　　　　　　　　　（　　　）

4. 农村电商企业绩效考核中，客服岗位过程指标主要涉及会员数、销售额、市场份额等。　　　　　　　　　　　　　　　　　　　　　　　　　　　　　　　　　　（　　　）

四、填空题

1. 农村电商企业主要分为_____型和_____型。

2. 任何团队成功都不是一个或几个人的功劳，因此在设置团队目标时应该_____。

3. 作为农村电商团队，搭建考核体系可以从运营、_____、内容、行政管理四大类入手。

五、简答题

1. 农村电商团队激励的原则有哪些？

2. 农村电商团队激励的举措有哪些？哪些属于物质激励？哪些属于精神激励？